AF574017

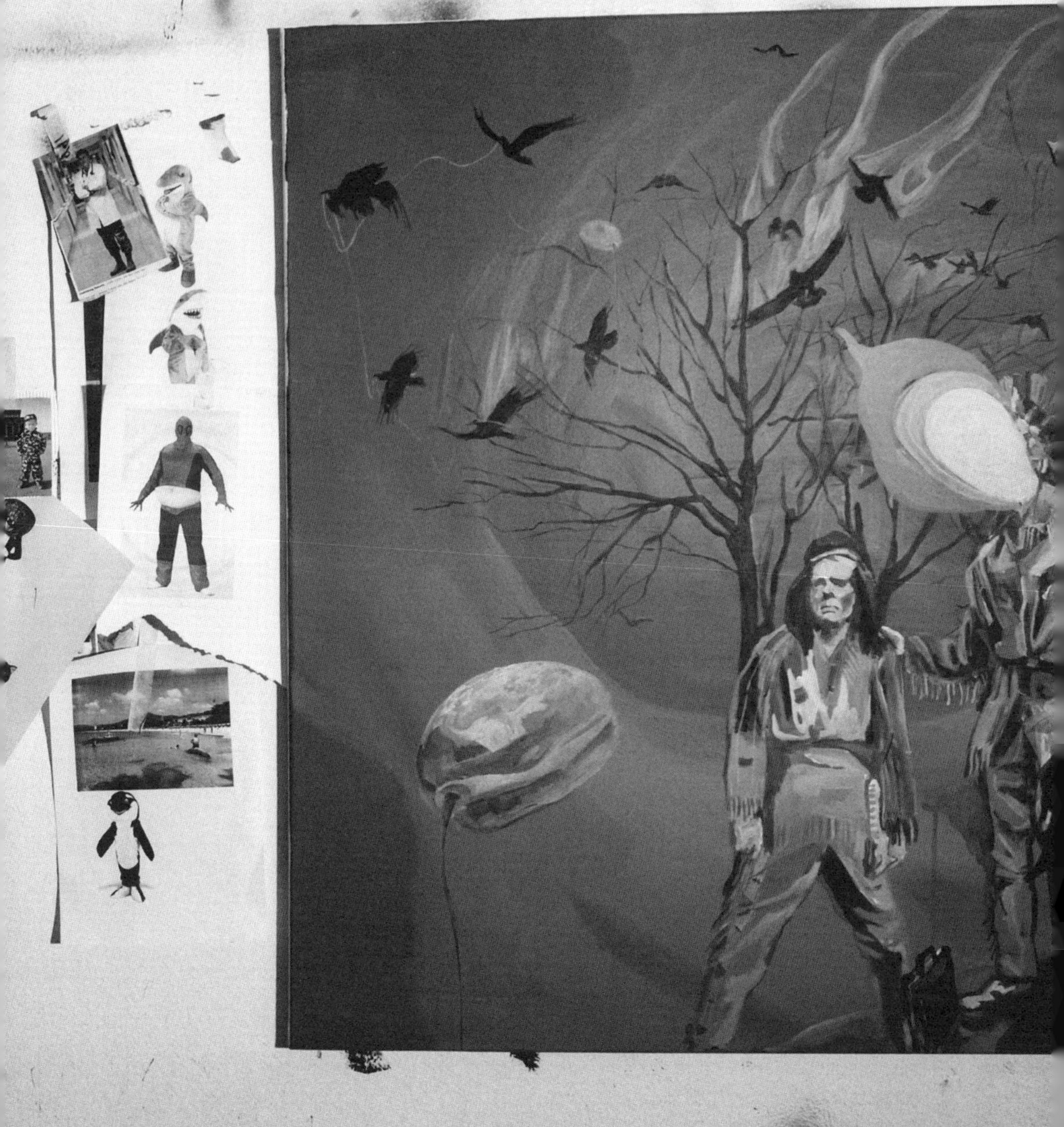

für Melanie und Raphael

mittelbemindert _Wolfgang Neumann

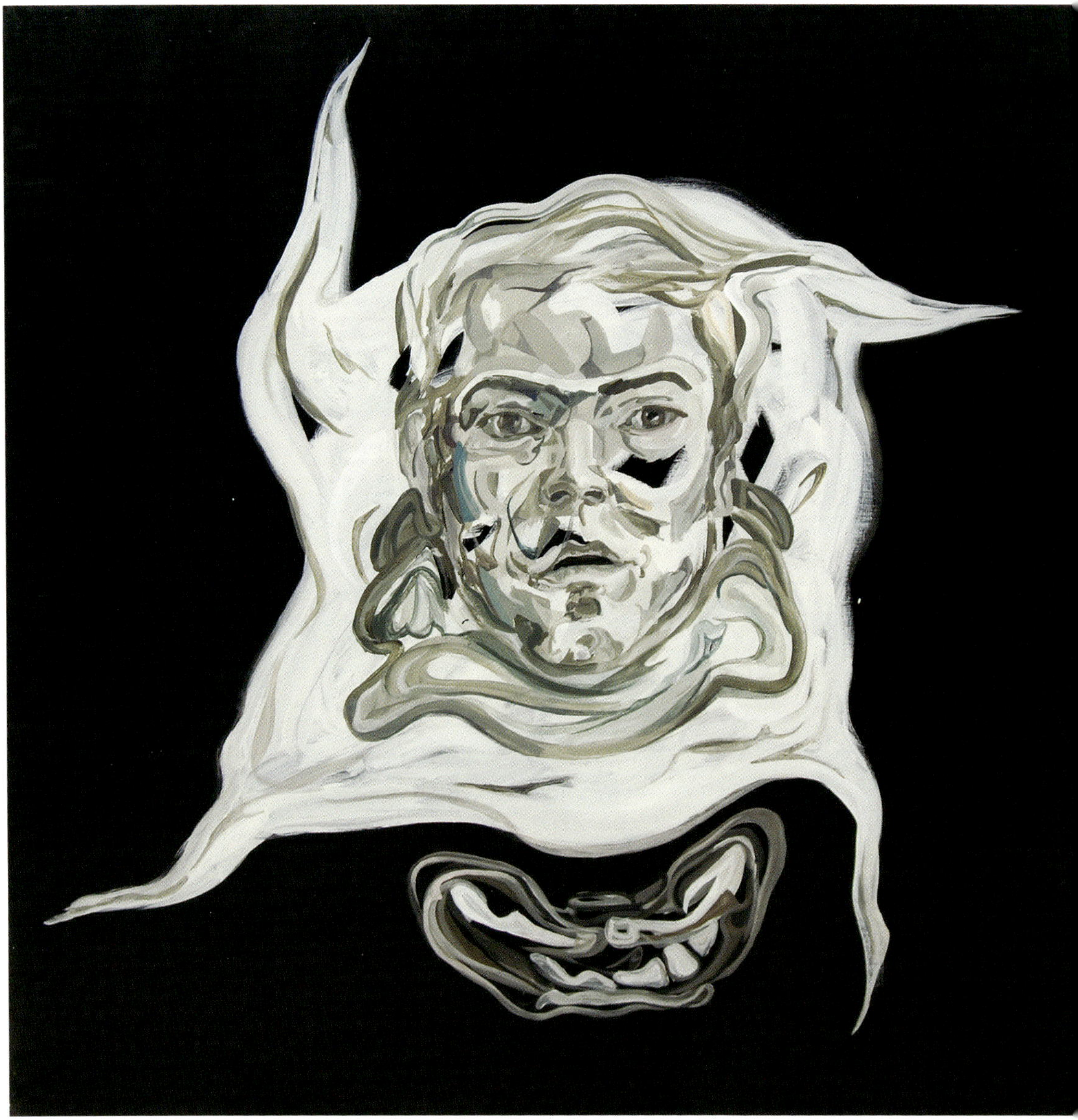

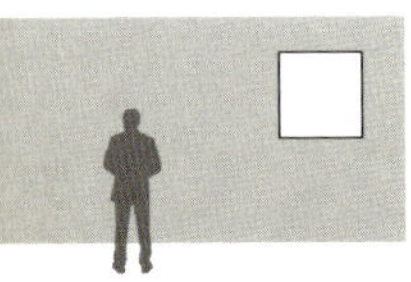

Dustus 2008, Acryl auf Leinwand, 100 x 100 cm

KERBER EDITION YOUNG ART

mittelbemindert _Wolfgang Neumann

Colmar Schulte-Goltz _

Bilder mit Sprengkraft – über die Arbeiten des Malers Wolfgang Neumann

Innerhalb der jungen deutschen Malerei der Gegenwart nimmt Wolfgang Neumann eine spannende und eigenständige Position ein. Farbintensiv und lebendig wirken die Gemälde, die einen kraftvollen, spontanen Eindruck machen. Ihre Ästhetik allerdings ist grenzwertig. Neumanns Arbeiten alternieren zwischen Skurrilität und Ideal, also sehr extremen Positionen. Poppige, bunte Farbwelten treffen auf verstörende Figuren und Formen. Technisch bewegt sich der Künstler in seinen mit mächtigen Pinselstrichen ausgeführten Bildern auf höchstem künstlerischen Niveau. Die Mischtechniken enthalten Farbschichten aus Acryl-, Lack-, Öl- und Grafittisprayfarben. Seine Bilder sind konsequent handgemacht und beeindrucken durch enormes Können. Innovativ arbeitet er je nach Darstellungsanlass auch schon mal auf einem Zelt mit Tarnmuster aus dem Bestand der Bundeswehr. Neumann ist ein Ausnahmemaler, der bereits als junger Künstler Aufmerksamkeit auf sich zieht, weil er einen höchst individuellen Stil entwickelt hat, den man nicht mehr vergisst.

Wolfgang Neumann arbeitet in seinen Bildern mit dem Wiedererkennungseffekt des verfremdeten Bekannten. Sein Œuvre ist ein Parcours der Gesten und Posen und eine Persiflage auf die Konsumgesellschaft. Durch fast alle Arbeiten ziehen sich Anspielungen auf die unmittelbare Zeitgeschichte und die Kunstgeschichte, auf deren Bühne sich Neumann sicher bewegt.

Die Kunst von Wolfgang Neumann bietet all das, was man im besten Fall von junger Kunst erwarten kann: Sie ist frech und hintergründig, neu und einzigartig grotesk. Neumann beobachtet scharf und gibt in seinen Gemälden subtile und zynische Kommentare zu unserer Lebenszeit und ihrem Realitätsbegriff, der vor allem von den Medien und den darin stilisierten oder verdammten Protagonisten bestimmt wird. Besonders die Medien prägen unser Verständnis von der Zeit, die auch Neumann nicht in einem linearen Erklärungsmodell erfassen kann. Stattdessen erscheinen in seinen Arbeiten häufig mehrere Ansätze, ein Phänomen der Wirklichkeit zu kommentieren. Zwischen selbsternannten Actionhelden oder wirklichen Prominenten macht Neumann keinen Unterschied. Niemand wird geschont. Durch ihren intellektuellen Anspruch und die vielfache Brechung der Scheinrealitäten bringen die Arbeiten Neumanns die Wahrnehmung des kollektiven Zeithorizontes ideal zum Ausdruck.

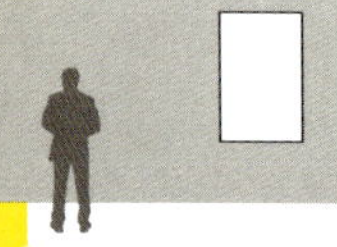

Team Mittelbemindert 2007, Mischtechnik auf Camouflage, 150 x 100 cm

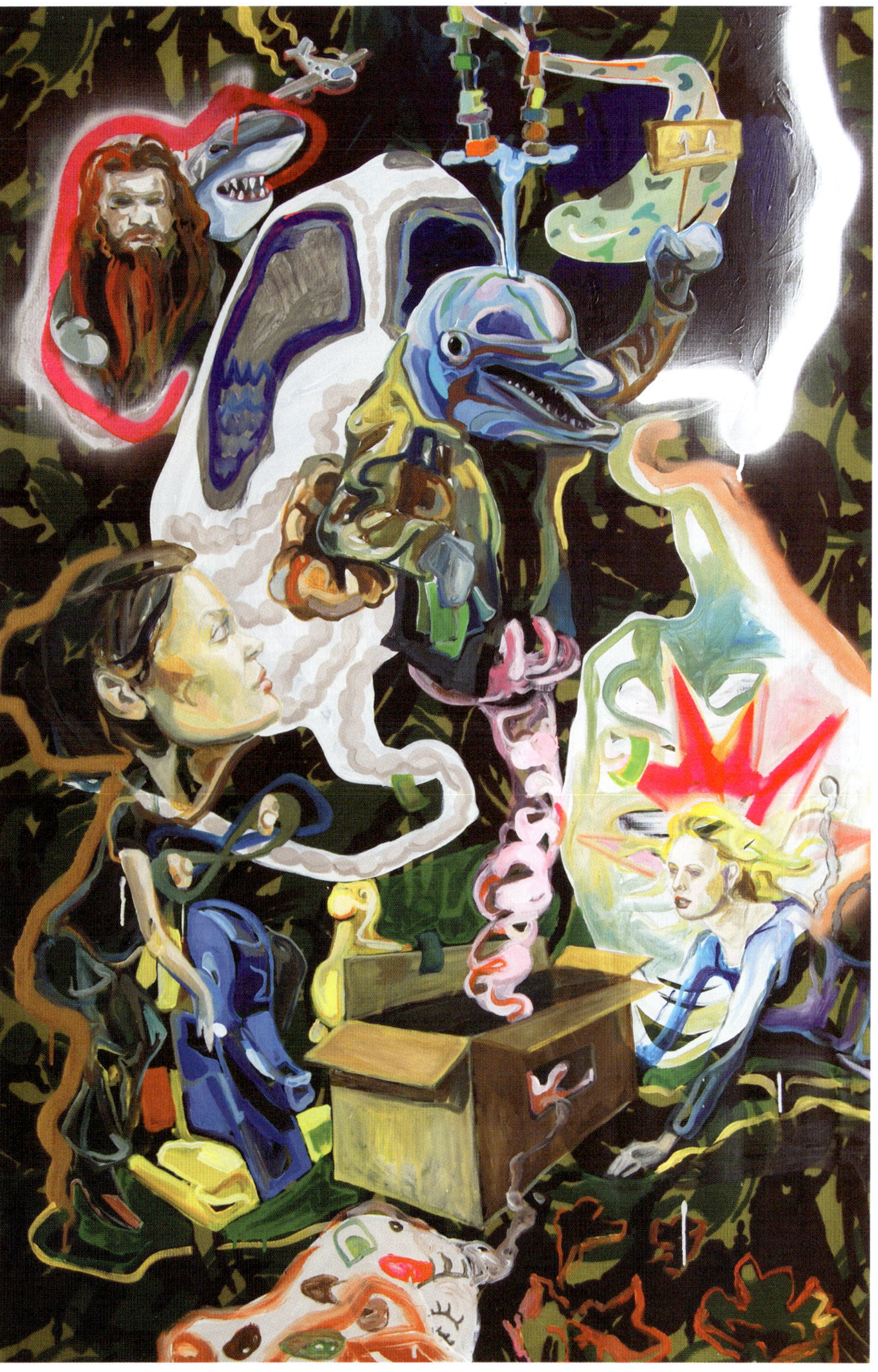

Immer wieder gibt es für Wolfgang Neumann einen Anlass ein Bild zu malen, und auch während der Arbeit bleiben neue Impulse nicht aus. Farbe, Ausdruck, Komposition und Inhalt befinden sich in einem ständigen Wechselprozess. Dabei entwickelt sich ein Bild häufig anders, als der Künstler es selbst geplant und erwartet hat. Anders als etwa beim Historiengemälde, in dem jede Figur ihren Daseins-Zweck erfüllt, verweigern sich Neumanns Bilder einer ganz konsequenten Synthese. Auch wenn Neumann Bilder malt, die als Bild wirken, nur künstlerischen Gesetzmäßigkeiten folgen und eine eindimensionale Bedeutung eher verweigern, so bieten sich allein in der Deskription der vielen Bildelemente Schneisen für Lesarten, Erwartungshaltungen und Interpretationen, wie selten in der jungen Kunst.[1]

Seine Figuren lässt Neumann gern wie im Rollenspiel in der Pose einer berühmten Skulptur oder eines gemalten Vorbilds erscheinen. Die historische Angemessenheit der Kunst gegenüber einer Aufgabe aus dem Bereich der Hochkünste unterwandert Neumann immer. Mit motivischen Anleihen aus dem Heiligenbild, der Historienmalerei, der Allegorie oder dem Herrscherportrait hat er die Basis für eigene, zynisch-ironische Bilderfindungen. So kann in seinen Bildern schon mal Fidel Castro wie ein Gottvater am Himmel erscheinen. Fast alle Gesten werden bei Neumann allerdings geradezu in ihr Gegenteil verkehrt und machen Lust, seine Bilder lang und immer wieder zu betrachten und zu lesen.

In der bewussten Inszenierung von Eigenheiten in der Interpretation bekannter Motive und Themen stehen Neumanns Gemälde vor allem in der Tradition des Capriccio, einer Bildform, die sich in ihrer intellektuellen Leistung von der üblichen Kunstproduktion bewusst distanziert und unabhängig von einem bestimmten Ort wirksam ist.[2]

In Neumanns Bildern wimmelt es von Tieren. Tierdarstellungen werden zuallererst als Repräsentationen der entsprechenden Lebewesen wahrgenommen, die meisten davon sind klischeehaft niedlich. Besonders die Werbung verwendet Tiere gern, da sie die Betrachter auch an wenig illusionsvollen Orten freundlich stimmen. Bei Wolfgang Neumann tritt häufig eine ganz besondere Form von Tieren auf. Deren aufrechte Haltung und die Vielzahl der von ihnen ins Bild gehaltenen Dinge lassen erahnen, dass da ein Mensch im Aktionskostüm steckt. In Bahnhöfen, Fußgängerzonen, Einkaufszentren oder Kinos sind wir mit diesen Wesen konfrontiert, die uns mit Karten für Preisausschreiben oder Gratisproben von Produkten versorgen sollen. Meist stecken in den Kostümen Aushilfskräfte, die sich in der Enge des Kostüms kaum bewegen können. Wolfgang Neumann macht diese Figuren nun gemäldewürdig. Zahllose Delfine, Haie oder Bernhardiner breiten sich in seinen Bildern aus und machen mit tapsigen, dumpfen Bewegungen und tumben Gute Laune Aktionen Stimmung. Manchmal singen sie auch noch!

[1] Im Vergleich etwa, versucht sich Neo Rauch vollkommen der Lesbarkeit zu verweigern, vgl. dazu Böhme, Gernot: Nach-Bilder. Zum historischen Ort von Neo Rauchs Gemälden; In: Ausst.-Kat. Neo Rauch - Neue Rollen. Bilder 1993 - 2006, hrsg. vom Kunstmuseum Wolfsburg 2006, S. 47 - 50, hier S. 49.

[2] Mai, Ekkehard: »Einleitung - Nachdenken über das Capriccio«. In: Ausst.-Kat. Köln. Das Capriccio als Kunstprinzip. Zur Vorgeschichte der Moderne von Arcimboldo und Callot bis Tiepolo und Goya. Malerei-Zeichnung-Graphik. Hrsg. von Ekkehard Mai. Wallraf-Richartz-Museum, Köln, Mailand 1996, S. 15. - 20, hier S.16f. Busch: Werner: »Die graphische Gattung Capriccio - der letztlich vergebliche Versuch, die Phantasie zu kontrollieren.« In: Ausst.-Kat. Köln. Das Capriccio als Kunstprinzip. Zur Vorgeschichte der Moderne von Arcimboldo und Callot bis Tiepolo und Goya. Malerei - Zeichnung - Graphik. Hrsg. von Ekkehard Mai. Wallraf-Richartz-Museum, Köln, Mailand 1996, S. 55 - 81, hier S. 55.

In anderen Kunstgattungen, etwa in den Rauminstallationen von Mike Kelly, haben plüschige Tiere schon lange einen festen Platz.[3] Während Cindy Sherman sich selbst zumeist nur teilweise hinter den Maskeraden versteckte und so ihre intellektuelle Distanz zum erzeugten Motiv zu erkennen gab, nutzen andere Künstler wie Paul McCarthy die Tierkostüme selbstbezüglich, wenn dieser Plüschhasen und Plüschbären in eindeutigen Situationen pervertiert.[4] Auch Jeff Koons hat aus Bären in gestreiften Pullovern und Polizeibeamten surreale Situationen geschaffen.[5]

In ihren Extremen antwortet die Kunst von Wolfgang Neumann den Extremen unserer eigenen Lebenszeit und Gesellschaft. Der allseits beklagte Bildungsnotstand führt zu eigenartigen Erscheinungen, wenn sich etwa junge Lebensanfängerinnen heute selbst nur im Extrem verorten: entweder im Fingernagelstudio oder im Fernsehen. Während allenthalben die Nichtgebildeten direkt zu Spielerfrauen, Topmodels und Superstars werden wollen, setzt Neumann in seinen Bildern auf den Wiedererkennungseffekt im Verfremdeten und die Kraft der Ironie.

Es sind in vielen Fällen prominente Einzelfiguren, die die Wahrnehmung des eigenen Zeithorizontes zum Ausdruck bringen. Neumann bedient sich auf eine feinsinnig ironische Art der Klischees, die wir aus Zeitungen, Fernsehen und Kino gewohnt sind. Zur Kenntlichkeit entstellt, erscheinen in seinen neuen Arbeiten Angelina Jolie mit Kind oder Murat Kurnaz. Neumann spart nicht mit witzigen Details und übertriebenen Posen, die den Betrachtern einen leichten Einstieg in die Bildwelten seiner »Teams« ermöglichen.

In seinem Gemälde »Team Othertongue« (Seite 35) erkennt ein großer Betrachterkreis die riesigen, zusammengelegten rosa Hände der am vorderen Bildrand kauernden Figur, die auffallend Angelina Jolie ähnelt, als die aufblasbaren Claqueurhände aus dem Fußballstadion wieder. Auf den zweiten Blick sind sie die moderne, poppige Version der berühmten »betenden Hände« von Albrecht Dürer.[6] (Vgl. Abb. I)

Der Frau selbst hat Neumann die demutsvolle Haltung nach dem Muster einer Stifterfigur eines mittelalterlichen Altarbildes gegeben. Die Prominente hat sich wie viele andere »Celebrities« ihre eigene Gegenwelt geschaffen. Im Register über ihr erscheinen statt Heiligenfiguren möglicherweise ihre persönlichen Bezugspersonen. Wie in einem Spielzeugbausatz, aus dem man die einzelnen Figuren oder »Characters« herausbrechen kann, sind in strenger, fast ikonenartiger Frontalität drei Figuren zu sehen. Links ihr Gefährte Brad Pitt, der den US-Kampfanzug mit einem Arztkittel kombiniert hat. Ausgerechnet das Outfit des Soldaten verbindet Neumann mit dem Image des Helfers. Durch seinen Bart à la Konfuzius, der sicher in der Armee nicht geduldet würde, erhält die Figur etwas hybrid Sublimiertes. Dieser Hollywood-Armeearzt-Konfuzius, der in New Orleans Häuser bauen hilft, wird bei Neumann lässig mit einem

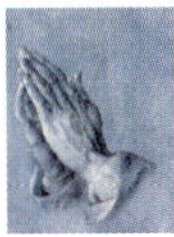

Abb. I _ Albrecht Dürer (1471 - 1528):
»Studie zu den Händen eines Apostels«, 1508, Wien, Graphische Sammlung Albertina.

3 Zum Schlüsselmotiv der Tierpuppen vgl.: Schulte-Goltz, Colmar: Mike Kelley. In: Ausst.-Kat. Spielräume, Stiftung Wilhelm Lehmbruck Museum Duisburg 2005, S. 60.

4 Vgl. Ausst.-Kat. Private View 1980 - 2000: Collection Pierre Huber, June - September 2005, S. 195 für eine Abbildung von Paul McCarthys Arbeit »bear and rabbit on a rock« von 1992.

5 Für eine Abbildung von Jeff Koons »Bear and Policemen« von 1998 vgl. Auktion Christie's, 26.2.2007, S. 108.

6 Zur Rezeptionsgeschichte der Dürer-Zeichnung und die Trivialisierung und Popularisierung des Motivs im 20. Jhdt. vgl.: Ringshausen, Gerhard: Was Bilder über das Beten sagen, in: Glaube und Lernen 1/1986 (Themenheft: Gebet), S. 45 - 56, hier S. 45. Ringshausen sieht »Die Hände, aus ihrem Kontext gelöst und unkonkret geworden, zum Träger eines Gefühls, zur Geste der Frömmigkeit werden, die reine Religiosität ist«.

Stethoskop dekoriert. Pitts Wunderkräfte werden durch ein frisches Werk verdeutlicht: Neben ihm steht ein frisch operierter Killerwal mit gut sichtbarer Operationsnarbe. Das Tier ist friedlich geworden, steht gut gelaunt auf dem Trockenen und begleitet den eigenen Gesang auf einer Kindergitarre mit Sesamstraßenfigur. Die dritte Figur schaut dagegen wieder sehr ernst aus dem US-Kampfanzug, es ist wohl Maddox aus Kambodscha, jetzt Adoptivsohn des Paares Jolie-Pitt. In einem Register über den Hauptfiguren erhalten die Worte »hang on« aus der Sprechblase des Killerwales alternative Interpretationsmöglichkeiten. Zum einen erscheint über dem Arzt-Soldaten die Triangel wie vom Krankenbett, in ihrer Querstange schaukelt ein niedlicher Delfin, der gern in Therapien genutzt wird. Zum anderen deutet die Dreieckform rechts, die beim Poolbillard dem Aufbau der Kugeln dient, auf die Vielzahl aller Möglichkeiten. Eine finale Interpretation des Refrains bietet Neumann mit der baumelnden Schlinge.

Neumann kommentiert die medienwirksamen Aktionen der berühmten Adoptiv-Eltern mit dem trojanischen Pferd zur Rechten. In vorgeblich friedlicher Absicht sind sie in andere Kulturen vorgestoßen, um gute Werke zu tun. Während sie Kinder in das gelobte amerikanische Land holen und ihnen ein Leben wie eine Sahnetorte anbieten, werden gleichzeitig mit aus Karbon bestehenden Aufklärungsdrohnen, die kein Radar orten kann, die US-Grenzen gesichert. Jolie ist inzwischen zu einer Mutter Teresa Hollywoods geworden, die nach eigener Aussage »einfach nur helfen will, wo es Armut und Not gibt. (...) Mir wurde klar, dass ich ein unheimlich privilegierter Hollywood-Star bin und etwas gegen die schreiende Ungerechtigkeit auf diesem Planeten tun muss.«[7] Auch wenn die Oscar-Preisträgerin selbst in Interviews sehr viel Wert darauf legt, dass sich ihre Kinder »bewusst sind, ein sehr privilegiertes Leben zu führen und dass sie sich nicht daran gewöhnen« und sich wie jede andere Mutter wünscht, »dass meine Kinder gesund bleiben«, wirft Neumann Fragen auf.[8] Was heißt es, ein Kind aus einem ganz anderen Kulturkreis zum Mitglied einer Weltstarfamilie zu machen? Ganz knallig bringt er dazu eine Variante des Echt-Leder-Warensiegels in Beziehung, auf dem munter die Nullen tanzen und stellt damit visuell den Preis der Prominenten-Adoptionen aus Ländern wie Kambodscha, Äthiopien (Jolies Tochter Zahara) oder Malawi (Adoptivsohn von Madonna) zur Disposition.

»Team Mittelbemindert« (Seite 5) lässt Angelina Jolie als Tomb Raiderin erneut auftreten, sie hat in leichter Veränderung zur antiken Pandora einen großen Karton bei sich und fügt sich mit diesem Attribut bestens in eine Komposition zwischen Allegorie und Sakralgemälde. Während sie sich in Anspielung auf ihre teils aus Afrika zusammengestellte Kinderschar mit einem blauen Schaukelelefanten beschäftigt, steigt aus der Kiste ein Delfin auf, aus dessen Atemloch sich tanzend eine Bauklotzarchitektur in Twintower-Optik erhebt. Am Inhalt der Kiste hat auch die engelartige Blondine zur Rechten größtes Interesse. Gejagt von Haien erscheint das unverkennbare Antlitz von Murat Kurnaz, des ehemaligen Guantánamo-Häftlings aus Bremen, der die höchsten deutschen Volksvertreter in Erklärungsnot brachte. Sein Schicksal in den neuen Bildern von Wolfgang Neumann ist genauso unvorhersehbar wie sein reales Dasein.

[7] Zitiert nach einem Interview in World Entertainment News Network vom 25.4.2007

[8] Zitiert nach einer Meldung der dpa vom 29.8.2007

In »Campo Navi« (Seite 27) fährt Neumann sehr schwere Geschütze auf: der nordkoreanische Herrscher Kim Jong Il, der stark an eine zerknautschte Star-Wars-Figur erinnert, trifft auf einen typisch deutschen Kreisverkehr. Die Verkehrsinseln haben sich in den letzten Jahren zu neuen Orten für oft grotesken Schmuck entwickelt, dementsprechend bringt Neumann hier eine Art Turmbau zu Babel unter. Die kryptische Randbepflanzung rahmt die Mittelerhebung wie eine Halskrause und lässt diese doppeldeutig wie eine groteske Gartenskulptur in einem Renaissancegarten aussehen. Die Fachwerkarchitektur verweist auf die eigene, idyllische Umgebung Württembergs. Im Gegensatz dazu stehen die Zelte des Vordergrundes, die eine eher vorübergehende, nomadische Lebensform bieten. Die Landschaft, die mit Ortseingangs- und Ausgangsschildern ausgestattet ist, wo sich keine wirkliche Siedlung bietet, hat noch Raum für einen heroischen Seeadler zur Linken und ein ungewöhnliches architektonisches Ensemble oben. Welche Ausfahrt soll man nehmen? Alles hat verschiedene Aspekte, auch wenn die Dinge hier absurd und zynisch aufeinander treffen.

Neumann hinterfragt unsere Vorstellung vom Zuhause und der Heimat, wo die inzwischen ungenutzte Kirche subversiv einem Fastfood Restaurant mit Kinderparadies und Außenrutsche weicht. Aus dem Schornstein quillt Rauch in der Form des McDonalds-Signets. Passend zum Turmbau, der die Sprachverwirrung und Orientierungslosigkeit der Welt aus den Tagen eines Pieter Brueghel zitiert, flattern Elstern durch die Luft, scheinen aber auch Neumanns allegorische Delfine in die Struktur der Wolken einzufließen. Hier ist alles in der Schwebe.

Im »Team Dokey« (Seite 41) sind in einem kleinen Streifen Ödland vor einem Bauwerk, das an die Berliner Mauer erinnert, diverse nomadische Strukturen entstanden. Das asiatische Kind, wie immer im Kampfanzug, springt Seil, wie um sich für die harten Aufgaben der Zukunft fit zu halten, während sich andere Figuren im Camp betrinken. Durch ein Loch in der Mauer, das mit einem Kürzel als WTC, also World Trade Center, genauso gedeutet werden kann, wie der Weg zu W+C, wirft Murat Kurnaz aus dem Orkus der Geschichte einen Blick auf die Szene. Das Bild suggeriert Wettbewerbsgeist und Aufbruchstimmung, denn auf der Mauer steht ein optimistisches OK! Hohe Ziele hat der Spiderman Held, der sich von einem Sprungturm zu einem neuen Einsatzort katapultiert. Unpassend zum Kostüm wölbt sich vor seinem Leib ein unglaublicher Kissenbauch. Seine Flugbahn durchkreuzen schon Kartonagen zum Getränketragen aus den Drive-Ins bekannter Fastfoodketten und eine schöne Blondine mit Bondgirl-Charme. Im Vordergrund lugt eine Figur nur mit den Füßen unter einer Art Löschschaum hervor. Aus dem Schaum nach dem Nichts generieren sich neue Formen der Wirtschaft. Etwas braucht jeder, so hat sich aus dem Schlauch eine geschäftstüchtige Figur entwickelt, die mit schlangenartiger Freundlichkeit ihr Angebot macht. Je nach Segment steckt das Angebot (A) in einem Beutel, einer ist billig (Aldi), einer sehr teuer (Apotheke), ein dritter alternativ (griechisches Alpha-Zeichen) für die religiöse Kundschaft. Und wer A kauft, wird vermutlich auch B angeboten bekommen.

Das »Boot« (Seite 47) steht noch in der Tradition der Neumannschen Nullhelden, der »Zheroes«. In einem quietschgelben Gummischlauchboot gleitet eine Figur über ein Gewässer. Für eine Fahrt im Rettungsboot wirkt die Figur mit ihrem antiquierten Zylinder etwas zu gestylt. Zum schmalen Bart hat er zur Erhellung Kerzen auf die Krempe gesteckt. Die Figur erscheint wie ein Magier, der mit effektvollem Äußeren einen großen Zaubertrick vorführen wird. Doch statt Armen und feingliedrigen Taschenspielerhänden weist sein Torso nur je eine plumpe Saugvorrichtung und ein Gebläse auf, wie sie zur Laubentsorgung üblich sind. Das sind seine Showeffekte: raus mit bunten Smartieflockenkonfetti und den stimmungsvollen Luftschlangen und wieder zurück damit! Die Aktion generiert in ihrem sinnlosen Kreislauf eine fragmentarische Form, die die Silhouette der Hauptfigur wiederholt. Der Magier wird als wahrer Hedonist entlarvt, schließlich hat er auch außer wenigen Fischen keine Zuschauer. In den stilisierten Details macht Wolfgang Neumann Anleihen bei der »großen Welle vor Kanagawa«, dem berühmten japanischen Farbholzschnitt von Katsushika Hokusai.[9] (Vgl. Abb. II)

Das »Team Barker« (Seite 37) verbindet die Serie der »Zheroes« mit den »Teams«. Im Pathos der Winnetoufilme der 60er Jahre posieren die beiden Protagonisten denkmalhaft mit Pferd vor blauem Himmel. Beide Gesichter sind wie bei Kunstwerken des Manieristen Arcimboldo von groben Gemüseformen ersetzt und verhängt.[10] Beide wirken nun menschenähnlich zusammengebastelt wie Vogelscheuchen. Mit dem schnell vergänglichen Gemüse setzt Neumann sie bewusst in die Tradition der barocken Bildform des »Memento Mori«. Das lassoartige Schlaufengebilde mit den teils floralen, teils insektenhaften Formen, die wie zu einem Rosenkranz aufgereiht sind, weht hinter dem unbewegten Winnetou im Raum und zeigt die Schönheit des Augenblicks. Unter dem Pferd schwebt ein Laubsauger mit Auffangsack, der das erigierte Geschlechtsteil des Pferdes verklausuliert. Der Laubsauger der professionellen Gartenpflege scheint einsatzbereit, um das zusammenschnurrende, fallende Gewelkte sofort zu verschlingen, zu schreddern und in seinem Sack zu begraben. (Vgl. Abb. III)

Der »Schräge Förster« (Seite 53) geht zwar auf absurde Pressebilder des amerikanischen Präsidenten beim Baumfällen auf seiner Ranch zurück, ist aber auch ohne diese Erkenntnis eine tragische Figur, die wie in einem Kippbild die Bodenhaftung verliert und sich ungeschickt selbst zerlegt. »Ein Landarzt« (Seite 51) konfrontiert die bekannten Bildprotagonisten mit der gleichnamigen Geschichte von Franz Kafka. Arzt, Pferd und Patient finden nicht zueinander.[11] Kurnaz schwebt als wackeliger Narziss am Wasserrand, während der Arzt stoisch aus der Distanz zuschaut.

[9] Vgl.: Hillier, Jack: Hokusai. Gemälde, Zeichnungen, Farbholzschnitte, Köln 1956, S. 65: »Die große Welle vor Kanagawa, aus den 36 Ansichten des Fuji«.

[10] Der italienische Maler Guiseppe Arcimboldi, genannt Arcimboldo (1527 – 1593) ist durch virtuose Darstellungen mythologischer Figuren und extravagante Portraits aus Gemüse und Früchtestillleben bekannt geworden, vgl.: Kriegeskorte, Werner: Giuseppe Arcimboldo, Köln 2001.

[11] Kafka, Franz: »Ein Landarzt«. In: Sämtliche Erzählungen, hrsg. von Paul Raabe, Frankfurt am Main und Hamburg: Fischer-Taschenbuch-Verlag, 1970.

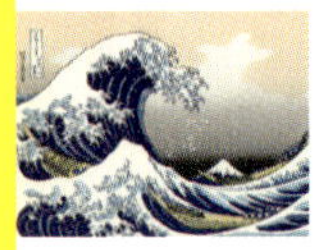

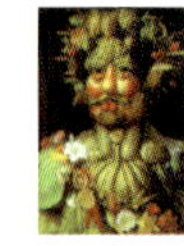

Abb. II _ Japanischer Farbholzschnitt von Katsushika Hokusai, Die große Welle vor Kanagawa (ca. 1830), Privatsammlung Rheinland.
Abb. III _ Arcimboldo: Rudolph II als Vertumnus, 1591, Sammlung Schloß Skokloster, Schweden.

Um nach neuen Möglichkeiten der Bildproduktion zu suchen, haben viele Künstler die Möglichkeiten der Malerei auf begrenztem Format, auf der Fläche, hinter sich gelassen. Wolfgang Neumann hat sich auf diese »Rahmenbedingungen« eingelassen und die Malerei zu einer Arena gemacht, in der er alle Abläufe und Erscheinungsformen selbst bestimmt. Er nimmt seine Betrachter mit in die Welt der Kunst, in der sich Eindrücke aus den Medien von der Nachrichtensendung bis zur Werbung niederschlagen und immer einen Einstieg ermöglichen. Sein Werk aus subtilem Humor, Groteske und Zynismus ist der Wahrheit nahe – wenn eine Botschaft die Bilder des Wolfgang Neumann durchzieht, dann diese: Prüfen Sie alle Informationen mit kritischem Verstand!

Zum Autor _ Colmar Schulte-Goltz, *1973, Studium der Kunstgeschichte, klassischen Archäologie und neueren Geschichtswissenschaft an der Ruhr-Universität Bochum, Dozent für Kulturmanagement an der Ruhr-Universtät Bochum. Schulte-Goltz arbeitete für das Karl-Ernst Osthaus-Museum Hagen, die Staatsgalerie Stuttgart, das Museum Folkwang Essen und das Museum am Ostwall in Dortmund. Er ist Kurator für junge Kunst am Stadtmuseum Hattingen und gründete 2002 die Galerie kunst-raum in Essen.

Colmar Schulte-Goltz _

Paintings of explosive power: the work of the painter Wolfgang Neumann

Within the world of young contemporary German painting, Wolfgang Neumann has taken an exciting and independent position. Intensively coloured and lively, the paintings make an outrageously powerful and spontaneous impression. Their aesthetic, however, is borderline. Neumann's works alternate between bizarreness and ideal, thus between very extreme positions. Modern, gaudy colour worlds converge on disturbing figures and shapes. In his technique, paintings executed in powerful brush strokes, Neumann is operating at the highest artistic level. The techniques include mixing layers of acrylic colour, paint, oil and graffiti spray colours. His paintings are consistently handmade and make their impression through their tremendous skill. He works innovatively, as the occasion for representation presents itself, once even using an army stock tent with camouflage. Neumann is an exceptional painter who as a young artist is already drawing attention because he has developed a highly individual style, which once seen, can no longer be forgotten.

Wolfgang Neumann's paintings are imbued with the sense of visually recognizing long lost friends. His œuvre is a show jumping course of gestures and poses and a satire on the consumer society. In almost all works, there are allusions to contemporary history and art history, on whose stage Neumann is certainly a player.

Wolfgang Neumann's art offers everything one could hope for from young art: It is brash and profound, new and uniquely grotesque. Neumann is a sharp observer and in his paintings offers subtle and cynical commentary on our times and its conception of reality, above all as determined by the media with its stylised or damned protagonists. The media in particular shapes our understanding of the times, which even Neumann cannot capture in a linear model. Instead, his works frequently reveal multiple approaches, in order to comment on a phenomenon of reality. Neumann makes no distinction between self-styled action heroes or real celebrities. Everyone is fair game. By their intellectual demands and the multiple disruptions of pseudorealities, Neumann's works give perfect expression to the sense of the collective time horizon.

Again and again, for Wolfgang Neumann there is always a reason to paint a picture; even while working, new impulses keep on coming. Colour, expression, composition and content are in a continual state of flux. As a result, a painting often develops differently than the artist himself had planned or expected. As opposed to some history paintings, in which each character acts out its raison d'être, Neumann's paintings reject a completely causal synthesis. Even when Neumann paints images that work as pictures, strictly adhering to artistic rules, preferring to reject a one-dimensional reading, still, in the description alone of the many image elements, vistas open up for readings, expectations and interpretations, something so rare in young art today.[1]

Neumann loves to have his figures appear as if they were role-playing, in the pose of a famous sculpture or a painted model. Neumann is always concerned with the historical adequacy of art for a task from the realm of high art. With inspirational borrowings from holy iconography, history painting, allegory or from the portraiture of rulers, he forms the basis for his own cynical-ironic image creations. Thus, you may find Fidel Castro appearing in his paintings as God the Father in heaven. With Neumann, almost all gestures however are nearly perverted into their opposites making it fun to take time to view and read his paintings and return to them.

In the deliberate staging of peculiarities in the interpretation of well-known motifs and themes, Neumann's paintings are especially in the tradition of the Capriccio, a figurative form, which is effective in its intellectual achievement deliberately distances itself from the usual art production and is independent of a particular place.[2]

Neumann's paintings are teaming with animals. Depictions of animals are perceived first and foremost as representations of the respective living creature, most of which

[1] In comparison to an extent, Neo Rauch attempted to completely avoid legibility, cf. Böhme, Gernot: Nach-Bilder. Zum historischen Ort von Neo Rauchs Gemälden; In: Exhibition-Cat. Neo Rauch – Neue Rollen. Bilder 1993 - 2006, ed. vom Kunstmuseum Wolfsburg 2006, pp. 47 – 50, here, p. 49.

[2] Mai, Ekkehard: „Einleitung – Nachdenken über das Capriccio". In: Exhibition-Cat. Cologne. Das Capriccio als Kunstprinzip. Zur Vorgeschichte der Moderne von Arcimboldo und Callot bis Tiepolo und Goya. Malerei-Zeichnung-Graphik. Ed. by Ekkehard Mai. Wallraf-Richartz-Museum, Cologne, Milan 1996, pp. 15 – 20, here, p. 16f. Busch: Werner: „Die graphische Gattung Capriccio – der letztlich vergebliche Versuch, die Phantasie zu kontrollieren." In: Exhibition-Cat. Cologne. Das Capriccio als Kunstprinzip. Zur Vorgeschichte der Moderne von Arcimboldo und Callot bis Tiepolo und Goya. Malerei – Zeichnung – Graphik. Ed. by Ekkehard Mai. Wallraf-Richartz-Museum, Cologne, Milan 1996, pp. 55 – 81, here, p. 55.

are clichéd and kitschy. Advertising especially likes to use animals, since they win over the viewer with little illusionary places. In Wolfgang Neumann's work, one often encounters a very special form of animal, whose upright posture and the number of the things they hold in the painting leads one to suspect that this is a person hidden in a costume. In train stations, pedestrian zones, shopping centres or cinemas, we are accosted by this creature, that is supposed to provide us with prize contest tickets or free show passes. Most of those stuck in these costumes are temps who can hardly move in the tight-fitting outfits. Wolfgang Neumann makes these figures worthy subjects for painting. Countless dolphins, sharks or St Bernhards propagate his paintings creating a stupid feelgood mood with their clumsy, dull movements. They sometimes even sing!

In other art forms, such as in the room installations of Mike Kelly, stuffed animals have long held a secure place.[3] While Cindy Sherman generally hides herself behind the masks only partially, and thereby shows her intellectual distance from the resulting motif, other artists such as Paul McCarthy use the animal costume self-referentially, perverting these toy rabbits and toy bears in unambiguous situations.[4] Jeff Koons has also made bears in striped sweaters and police officials in surreal situations.[5]

In its extremes, the art of Wolfgang Neumann responds to the extremes of our own times and society. The universally lamented crisis in education leads to strange phenomena, when for instance young teenage girls today find themselves only in extreme places: either at the nail salon or on TV. While everywhere the uneducated want to be instant actresses, top models and superstars, in his pictures, Neumann speaks to the sense of recognition in the alienated and the power of irony.

In many cases, there are prominent single figures, which signify the perception of one's own time horizon. In a subtly ironic way, Neumann makes use of the clichés we have become used to from newspapers, TV and cinema. Recognisably disfigured, Angelina Jolie with her child or Murat Kurnaz appear in his new works. Neumann is generous with witty details and exaggerated poses, providing the viewers with an easy access into the image world of his „Teams"

In his painting „Team Othertongue", a large circle of observers recognise the gigantic, pink hands pressed together of the squatting figure at the front edge of the painting remarkably resembling Jolie, as the inflatable hand clappers from the football stadium. On second sight, it is the modern, hip version of the famous „Praying Hands" of Albrecht Dürer.[6]

Neumann has even given the woman the humble attitude characteristic of a donor's figure from a medieval altarpiece. The socialites have created their own alternate universe, just like so many other celebrities. In the register above her, instead of

[3] For key motifs of animal dolls, cf.: Colmar Schulte-Goltz: Mike Kelley. In: Exhibition-Cat. Spielräume, Stiftung Wilhelm Lehmbruck Museum Duisburg 2005, p. 60.

[4] Cf. Exhibition-Cat. Private View 1980 – 2000: Collection Pierre Huber, June –September 2005, p. 195 for an illustration of Paul McCarthy's work „bear and rabbit on a rock" from 1992.

[5] For an illustration of Jeff Koons' „Bear and Policeman vrom 1998, cf. Christie's auction 26.2.2007, p. 108.

[6] For critical reception history of the Dürer drawing and the trivialisation and popularisation of the motif in the 20th. C. Cf. Ringshausen, Gerhard: Was Bilder über das Beten sagen, in: Glaube und Lernen 1/1986 (Themenheft: Gebet), pp. 45 – 56, here see: p. 45. Ringshausen sees „Those hands, taken out of their context are carrying an emotion, gesture of devoutness, that is pure religiosity".

holy figures appear what may be her personal handlers. As in a do-it-yourself toy kit, from which the individual figures or „characters" can be broken out, the three figures are shown in strict, almost iconic frontality. To the left is her companion Brad Pitt, who has combined the US combat dress with a doctor's white coat. Of all things, Neumann joins the uniform of a soldier to the image of a helper. Through his Confucius-styled bear, that would certainly not be permitted in the army, the figure acquires a somewhat hybrid sublimity. Neumann casually decorates this Hollywood-Army Medic-Confucius – a man who helps to build houses in New Orleans – with a stethoscope. Pitt's miraculous powers are made clear in a fresh new work: Next to him there is a freshly operated killer whale with a very visible scalpel scar. The animal has become happy and in a good mood on dry land and accompanies singing his own song on a child's guitar. The third figure on the other hand, looking very serious in his US combat dress, is probably Maddox from Cambodia, now the adopted son of the Jolie-Pitt couple. In a register above the main figures, the words „hang on" from the killer whale's speech balloon provide alternative possible interpretations. For one thing, there is a triangle such as from a hospital bed above the doctor-soldier; in its cross bar, a cute dolphin is swinging, that would happily be used for therapies. For another, the triangular shape on the right, used to set up the balls like a billiard table, signals the multiplicity of all possibilities. Neumann offers a final interpretation with the swinging noose.

Neumann comments on the actions of the media-famous adoptive parents with the Trojan horse to the right. With presumably good intentions, they press forward into other cultures to do good works. While they bring children back into the Promised Land of America and offer them a life like a slice of cake, at the same time, carbon-based reconnaissance planes, invisible to all radar, secure the US borders. Jolie in the meantime has become a Hollywood Mother Teresa, who, she says of herself, „only wants to help where there is poverty and misery. (...), I realized that I am a very privileged Hollywood Star and have to do something about the screaming injustice on this planet."[7] Even when the Oscar winner says in interviews that she places great importance on making sure that her children „are aware that they lead a very privileged life and they not take it for granted" and that, as any other mother would wish, „that my children stay healthy", Neumann still casts doubts about it.[8] What does it mean to make a child from a completely different cultural circle into a member of a world star family? Explosively, he brings a variation of the Real Leather brand seal into relationship with the zeroes dancing above them so that he visually represents the price of celebrity adoptions from countries such as Cambodia, Ethiopia (Jolie's daughter Zahara) and Malawi (Madonna's adoptive son).

In „Team Mittelbemindert" (page 5) Angelina Jolie reappears as the Tomb Raider. In a slight alteration to the ancient Pandora, she has a large cardboard box with her, with this attribute fitting perfectly in a composition between allegory and religious painting.

[7] Quoted from an interview in World Entertainment News Network from 25. 4. 2007
[8] Quoted from a dpa report from 29. 8. 2007

In allusion to her children collected in part from Africa, while she is busy with a blue rocking horse elephant, a dolphin steps out of the box with an architectural structure resembling the Twin Towers made of toy bricks rising from his blowhole. The angelic blond is also very much interested in the content of the box to the right. Hunted by sharks, the unmistakable face of Murat Kurnaz appears, the former Guantánamo detainee from Bremen, who forced the German people's highest representatives to explain his case. His fate in the new paintings by Wolfgang Neumann is just as unpredictable as it is in his real life.

In „Campo Navi" (page 27) Neumann brings out the big artillery: the North Korean leader Kim Jong Il, who strongly resembles a wrinkled Star Wars figurine, shows up at a typical German roundabout. In the past few years, the traffic islands have turned into new places for frequently grotesque decoration; accordingly, Neumann places a kind of Tower of Babel here. The cryptic plantings around the edges frame the middle elevation like a neck brace and leaves it ambiguous, looking like a grotesque garden sculpture in a Renaissance garden. The half-timbered architecture refers to the idyllic ambiance of Württemberg. In contrast, are the tents in the foreground, that present a rather transient, nomadic life form. The landscape, which is provided with the town entrance and exit signs, where no real settlement presents itself, and yet has room for a heroic sea eagle to the left in an unusual architectonic ensemble above. Which exit should be taken? They all have different aspects, even if the things here absurdly and cynically converge.

Neumann is questioning our conception of home and homeland, where the now unused church subversively differs with a fast food restaurant with a children's playland and slide. Smoke in the shape of the McDonald's logo swells from the smokestack. Befittingly like a tower, quoting the confusion of tongues and disorientation of the world from the days of Pieter Brueghel, magpies flutter through the air, however, Neumann's allegorical dolphins also appear to be streaming into the structure of the clouds. Here everything is undecided: a limbo.

In the painting „Team Dokey" (page 41), various nomadic structures appear in a little strip of wasteland in front of a building structure resembling the Berlin Wall. The Asian child, as always in combat dress, jumps rope, as if to keep himself in shape for the hard work in the future, while other figures in the camp are getting drunk. Through a hole in the wall, that with a contraction such as WTC, thus, World Trade Center, can just as well be interpreted as the way to (the) WC, Murat Kurnaz checks out the scene from the underworld of history. The painting suggests a spirit of competitiveness and optimism, since there is an optimistic OK! on the wall. The hero Spiderman had high aspirations, catapulting himself from one diving board to a new place ready for action. There is an unbelievable pillow belly bulging in front of his body unfitting to the costume. Cardboard for carrying drinks from the drive-ins from well-known fast-food chains, and a beautiful blonde with a Bond Girl-charm cross his trajectory. A figure with feet only lies in the foreground under a kind of foam. After nothing, new forms of economies are generating from the foam. Everybody needs something, so out of the hose, a shrewd figure forms, making its offer with a snakelike friendliness. Depending on the segment, the offer (A = Angebot) is in a bag, one is cheap (Aldi), one very expensive (Apotheke = chemists) and a third alternative (Greek alpha character) for the religious clientele. And whoever buys A, will probably also be offered B.

The „Boot" (page 47) still sits in the tradition of the Neummanesque unheroes, the „Zheroes". A figure glides over a body of water in a bright yellow rubber dinghy. With his antiquated top hat, the figure appears somewhat too stylish for a ride in a lifeboat. He has stuck candles for light to the brim of a narrow hat. The figure looks as if he were a magician performing a great magic trick with his sensational appearance. But instead of arms and the slender hands of conjurer, his torso features only one crude suction device and a blower, normally used for leaves pickup. These are his show effects: out with the colourful Smartie-flaked confetti and the atmospheric paper streamers and then take them away again! In its aimless cycle, the action produces a fragmentary shape, repeated by the silhouette of the main figure. The magician is unmasked as a true hedonist. Ultimately his only audience is a few fish and no one else.

In its stylised details, Wolfgang Neumann is borrowing from „The Great Wave Off Kanagawa", the famous Japanese colour wood block print by Katsushika Hokusai.[9]

In the pathos of the Karl May Winnetou westerns of the 60s, the two protagonists pose thoughtfully with horse before blue skies. Both faces are like the works of art by the Mannerist Arcimboldo with coarse vegetable forms substituted and superimposed.[10] Both look put together looking about as human as scarecrows. With the quickly perishable vegetables, Neumann deliberately places them in the tradition of the Baroque „Memento Mori" painting. The lasso-like loop form with the partially floral, partially insect-like shapes, like a beaded rosary, wafts behind the motionless Winnetou in space and shows the beauty of the moment. Beneath the horse hangs a leaf vacuum with catch bag, hedging the horse's erect sexual organ. The leaf vacuum cleaner of professional garden keepers seems ready to immediately swallow up all the retracting, collapsing witherings, to shred them and bury them in its bag.

The Painting „Schräger Förster" (page 53) actually returns to absurd press images of the American President cutting down a tree on his ranch, and yet without this recognition, is a tragic figure as if in a tilting picture, losing his traction and clumsily knocking himself over and out. „Ein Landarzt" (page 51) confronts the famous pictorial protagonists with the eponymous story „A Country Doctor" by Franz Kafka. Doctor, horse and patient do not find each other.[11] Kurnaz floats as Narcissus at the water's edge, while the stoic doctor attends from a distance.

[9] Cf. Hillier, Jack: Hokusai. Gemälde, Zeichnungen, Farbholzschnitte, Cologne 1956, p. 65: „Die große Welle vor Kanagawa, aus den 36 Ansichten des Fuji".

[10] The Italian painter Guiseppe Arcimboldi, called Arcimboldo (1527 – 1593) became famous by his virtuoso representations of mythological figures and extravagant vegetable portraits and still lifes of fruit, cf. Kriegeskorte, Werner: Giuseppe Arcimboldo, Cologne 2001.

[11] Kafka, Franz: „Ein Landarzt". In: Sämtliche Erzählungen, ed. by Paul Raabe, Frankfurt am Main und Hamburg: Fischer-Taschenbuch-Verlag, 1970.

In order to pursue new possibilities of image production, many artists have abandoned the possibilities of painting on a limited format and on a surface. Wolfgang Neumann has focused on this „framework“ embedded in painting and made an arena in which all processes and manifestations determine themselves. He brings his viewers with him into the world of art, in which impressions from the media, from newscasts to advertising find expression always making access to it possible. His work of subtle humour, the grotesque and cynicism is very near the truth. If there is a message running across the paintings of Wolfgang Neumann, than it is this: Consider all information with a critical mind!

About the author _ Colmar Schulte-Goltz, born 1973. Read Art History, Classical Archaeology and new History of Science at the Ruhr University in Bochum, Lecturer in Arts Management at the Ruhr University in Bochum. Schulte-Goltz has worked for the Karl-Ernst Osthaus-Museum in Hagen, the Staatsgalerie in Stuttgart, the Museum Folkwang in Essen and the Museum am Ostwall in Dortmund. He is curator for contemporary art at the Stadtmuseum Hattingen and in 2002, founded the kunst-raum gallery in Essen.

Eine Eröffnungsrede für Videowiedergabe

Ausstellungseröffnung »mittelbemindert« am 10.2.2008

Meine sehr verehrten Damen und Herren, ich begrüße Sie ganz herzlich zur Ausstellungseröffnung von Wolfgang Neumann, hier, in der Städtischen Galerie Ostfildern. Hier und heute möchte ich mich in einer Einleitungsrede mit dem Schaffen von Wolfgang Neumann auseinandersetzen. Ich freue mich sehr, dieser schon vor langer Zeit eingegangenen Verpflichtung nachkommen zu dürfen. Wie Sie sehen, kann ich dies nicht in leiblicher Anwesenheit tun, sondern trete Ihnen gewissermassen als mediale Konserve entgegen. Bitte nehmen Sie zur Kenntnis, dass dieser mediale Doppelgänger von mir nicht als organisatorischer Schönheitsfehler zu werten ist, sondern vielmehr einer medientheoretischen Planung unterliegt. Es ist beabsichtigt, Ihnen auf diese Weise eine ganz besondere Zugangsform zu den hier gezeigten Bildwerken zu eröffnen. Wolfgang Neumann hat diese seine aktuelle Bilderschau mit einem Adjektiv tituliert. Er nennt sie in kryptischer Weise »mittelbemindert«. Dies wirft Fragen auf! Und Fragen in Zusammenhang mit Bildender Kunst sollten immer konstruktiv aufgefasst werden. Also »mittelbemindert«?

Da auf die Schnelle keine wie immer geartete Lösung zu erzielen ist, empfehle ich Ihnen, besagtes Sprachungetüm beim Bilderschauen beständig - mental - mit sich zu führen: Denken Sie dieses »mittelbemindert« also immer mit - wie eine Tonspur, die mitläuft. Wolfgang Neumann bedient sich in erster Linie der »Uraltmedien« Zeichnung und Malerei. Wie ist dies im hochtechnologischen 21. Jahrhundert zu legitimieren? Die Autorin Anita Albus veröffentlichte im Jahr 2005 ihr Buch: »Die Kunst der Künste« mit dem vielsagenden Untertitel: »Erinnerungen an die Malerei«.

Daran anknüpfend die zwingende Frage: Ist die Malerei zeitenübergreifend das Nonplusultra der Kunstausübung, oder weitergefragt: Ist die Malerei ein Medium von Gestern? Oder aktueller formuliert: Welche Qualitäten offerieren die hier gezeigten Werke, hinsichtlich der Tatsache, dass die totgesagte Malerei alle Jahre wieder fröhliche Urstände feiert? Bevor ich diese Fragen näher streife, möchte ich nun das Wort direkt an Sie richten. Meine zweite Empfehlung an Sie alle Anwesenden im Raum lautet: Wenden Sie sich während meiner Rede von diesem Gerät ab, und betrachten Sie simultan zu meinen Ausführungen die Bilder von Wolfgang Neumann. In Neusprech könnte man dies unter Multitasking verstehen. Mehrere Dinge gleichzeitig tun: Den Körper bewegen, hören und sehen, mental verarbeiten - multirezeptiv werden. Hier auf der Bildschirmebene ist diesbezüglich reichlich wenig geboten: Das nicht sonderlich attraktive Gesicht eines 50jährigen Mannes. Eine Filmsprache, die sich auf sparsame Lippenbewegungen beschränkt. Aber an den Wänden können Sie jetzt in diesen Momenten fündig werden. Verstehen Sie diesen Fernsehmonitor als Lautsprecher für die an den Wänden gezeigten Bilder. Um mich ihren Bedeutungen zu nähern, möchte ich etwas weiter ausholen: Mir ist in den vergangenen Wochen eine bedenkliche Begebenheit zu Ohren gekommen, die ich als Denkfigur in eine diskursive Nähe zur Bilderwelt von Wolfgang Neumann rücken will.

Auf der schönen Ferieninsel Teneriffa haben vermutlich Grundstücksspekulanten in brachialer Weise die seltenen prähistorischen Felszeichnungen der Ureinwohner vernichtet. Mit Bohrmaschinen wurden die feinen Steinritzungen nicht einfach nur getilgt, sondern man könnte treffender sagen – überschrieben –, denn an deren Stelle breiten sich nun chaotische Lineaturen aus, die, einer ästhetischen Betrachtungweise unterzogen, durchaus auch qualitativ an die automatischen Zeichnungen der Surrealisten heranreichen. In paradoxer Weise beschreibt dieser Vorfall, über sich hinausweisend, auch die Mechanismen unserer bizarren kulturellen und zivilisatorischen Fortentwicklung, an und für sich, - und es liegt, wie der Philosoph Peter Sloterdijk meint, zunehmend an uns Zeitgenossen selbst, die Strukturen einer höherformatierten Informationswelt zu erfassen. In diesem Kontext gedacht, betrachte ich Wolfgang Neumann als jemanden, der in sehr reflektierender Manier die Sedimentschichten der jahrhun-

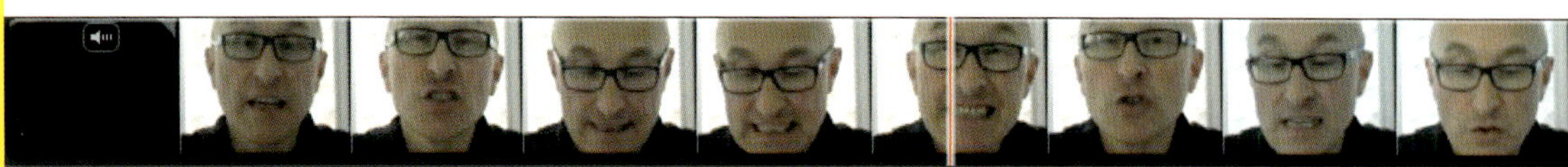

dertealten Malereigeschichte überschreibt und ergo in seinen Malereikosmos integriert. Neben diesem wohltuenden Fundament ist es allerdings auch etwas ganz und gar Neues und auch Beunruhigendes, was in Wolfgang Neumanns Bildsprache Eingang gefunden hat. Mit Pinsel und Farbe verarbeitet er mit mediengeschultem Blick die digitalen Bildwelten, die uns aus Nachrichtensendern oder Datenbanken entgegenquellen.

Es ist eine humoreske und gleichzeitig alptraumhafte Simultanität von »high- and low-culture«, bisweilen chronisch übersteuert, anderorten sorgsam ausgewogen. Und wie immer: Gleichzeitig nostalgisch und auf der Höhe der Zeit. Eingesperrt in diesem Fernsehmonitor und fixiert im Gestern verbietet es sich mir, interaktiv herauszutreten und akut Stellung zu nehmen zu einzelnen Zeichnungen oder Malereien – was ich gerne täte. Aber täuschen Sie sich nicht. Diese Bilder sind nicht statisch, es sind mit virtuellen Prozessoren angesteuerte Diskursmaschinchen, die selbstredend immer »online« sind. Sie müssen meiner Auffassung nicht folgen. Sie können auch zu völlig gegenteiligen Urteilen gelangen. Ich möchte an dieser Stelle eine Verfahrensweise einflechten, die sich mit manchen meiner Aussagen deckt, aber auch weit über sie hinausreicht. Es ist eine letzte Empfehlung und geradezu ideale Gebrauchsanweisung für den Umgang mit Malerei, an Sie alle Anwesenden, hier im Raum gerichtet. Ich zitiere aus den Tagebuchaufzeichnungen der Malerin und Theoretikerin Ilske von Schweinitz, getätigt am 9. April 2003: »Malerei bedeutet Innehalten, die Bewegung anhalten. Es ist die Beziehung des Betrachters mit dem Bild, nicht die Beziehung zu einem anderen Menschen, worum es sonst immer geht. Der Betrachter ist eine Person und kann sich im Betrachten selbst wahrnehmen, ich kann mir aber auch vorstellen, dass er sich an das Betrachtete, an das Bild verliert.« Nichts erscheint mir geeigneter als diese Empfehlung an Sie.

Ich bin nun ans Ende meiner Empfehlungen und Verdächtigungen gelangt. Ich muss gestehen, ich bedauere zutiefst nicht anwesend zu sein, um mich dem Bildersog von Wolfgang Neumann aussetzen zu dürfen. Raum –, aber nicht zeitversetzt starre ich jetzt vermutlich aufs Alpenmassiv, hoffentlich bei schönem Wetter. Ich beneide Sie und wünsche Ihnen viel Spaß in den »mittelbeminderten« Sphären des Wolfgang Neumann.

Zum Autor _ Mark-Steffen Bremer, *1958, Künstler, Studium an der Staatlichen Akademie der Bildenden Künste Stuttgart. Er arbeitet in wechselnden personellen Konstellationen, projekt-, orts- und institutionsspezifisch.

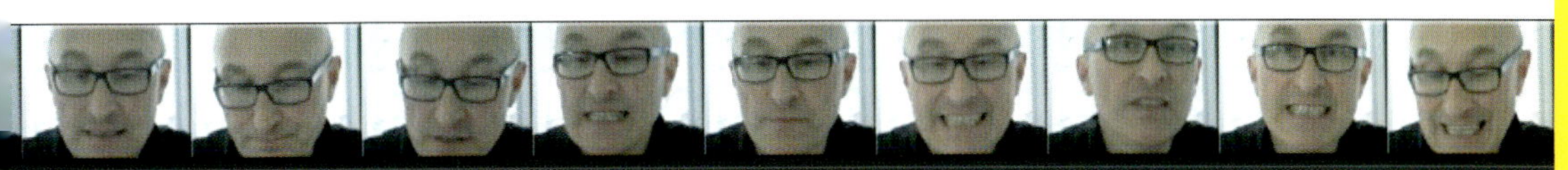

An Opening Address for Video Playback

„mittelbemindert" – 10.2.2008

Ladies and Gentlemen. I wish to extend a warm welcome to you to the exhibition opening of Wolfgang Neumann, here, in the Städtische Galerie Ostfildern. Here and now I would like to give an introductory speech regarding the creations of Wolfgang Neumann. I am delighted to be able to perform this long overdue responsibility. As you can see, I cannot do this in body, but rather I face you to some extent as a canned medium. Please note that my media doppelganger should not be seen as an organisational error, but rather underpins a media-theoretical design. This method is intended to open for you a very particular way of accessing the paintings on view here. Wolfgang Neumann used an adjective as a title for his current showing of paintings. He cryptically calls it „mittelbemindert". Now that brings up questions! And questions in connection with art should always be construed as constructive. So, „mittelbemindert"?

Because no quick solution whatsoever can be achieved, I recommend that when looking at the paintings to constantly keep that linguistic monstrosity in tow, mentally. Consider this „mittelbemindert" so always running, like a soundtrack. Wolfgang Neumann works first and foremost in the „age-old" medium of drawing and painting. How can this be justified in the high technology world of the 21st century? In 2005, the author Anita Albus published her book: „Die Kunst der Künste" (The Art of Art) with the telling subtitle: „Remembrances of Painting".

In connection with this comes the pressing question: Is painting the Ne Plus Ultra of artistry for all time or put another way: Is painting a medium of the past? Or put in more immediately relevant terms: What qualities do these works shown here offer, given the fact that every year the putatively dead art of painting is the cause of happy celebrations? Before I touch on these questions more closely, I would like to address you directly. My second recommendation to all present in the room is: While I am speaking, turn away from the monitor, and look at the paintings of Wolfgang Neumann simultaneously with my explanations. In Newspeak, one could consider this to be multitasking. Several things to do at the same time: Move your body, listen and see, mentally process: become multireceptive. Here on the flat screen there is precious little to see: The not particularly attractive face of a 50-year-old man. A film language based on economical lip movements. But on the walls, in these moments, you can make a real find. Consider this TV monitor as a loudspeaker for the paintings shown on the walls. In order for me to approach their meanings more closely, I would like to delve a little deeper: A few weeks ago, I heard of a interesting incident, which I want to use as a figure of thought in a discursive proximity to the image world of Wolfgang Neumann.

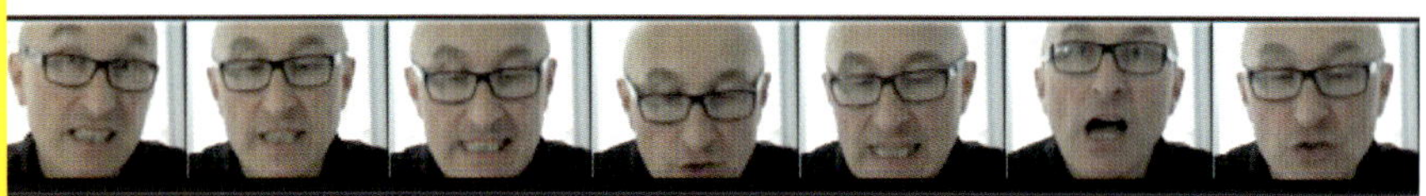

On the beautiful holiday island of Tenerife land speculators have presumably brutally destroyed the rare prehistoric rock drawings of the natives. The stone treasures were not simply erased by the drills, but rather one could say more accurately - overwritten - because on these spots, now chaotic lineaments are expanding which an aesthetic approach is under way, reaching back, even qualitatively, to the automatic drawings of the Surrealists. Paradoxically, this incident describes, above and beyond itself, also the mechanisms of our bizarre cultural and civilisational development, in and of itself - and the burden, as the philosopher Peter Sloterdijk said, is increasingly on our contemporaries themselves to grasp the structures of a more highly formatted information world. Considered in this context, I view Wolfgang Neumann as someone who is writing over the sedimentary layers of the centuries-old history of painting in a very reflective way, and thus integrating it into his painting universe. In addition to this beneficial foundation, there is however something completely new and also disturbing doorway which Wolfgang Neumann's image language has opened. With brushes and paint, and a media-savvy eye, he processes the digital image worlds that surge up against us from the news channels or databases.

It is a humoresque and at the same time nightmarish simultaneity of „high and low culture", sometimes chronically overridden, and then elsewhere carefully balanced. And as always: At the same time nostalgic and at the cutting edge of the times. Confined to this TV monitor and stuck in the past, it prohibits me from interactively stepping out and take and acute position on individual drawings or paintings, which I would really like to do. But make no mistake: These paintings are not static; they are by virtual processors-controlled discourse machines, which of course are always online. You must not follow my point of view. You can also reach completely contrary conclusions. At this point, I would like to weave in an approach, which covers some of my statements, but also extends far beyond them. It is a last recommendation and close to an ideal users guide for approaching painting, directed to all of you present here in this room. I quote from the diary accounts of the painter and theoretician, Ilske von Schweinitz, written on 9 April, 2003: „Painting means to pause and stop the motion to continue. It is the relation of the viewer with the painting, not the relation to another person, which is what is always happening anyway. The viewer is a person and can perceive himself viewing, I can even imagine that he can lose himself in what he is looking at, at the painting." Nothing seems to me more apt than this recommendation to you.

I have now reached the end of my recommendations and suspicions. I must confess, I deeply regret not to be there to be allowed to abandon myself to the suggestive pull of Wolfgang Neumann. Displaced in space but not time I am now probably gazing at the Alps, hopefully in good weather. I envy you and wish you much enjoyment in the „mittelbeminderten" spheres of Wolfgang Neumann.

About the author _ Mark-Steffen Bremer, artist, born 1958, study at the Staatliche Akademie der Bildenden Künste Stuttgart. He works in varying constellations of personnel, project, location and institution specific.

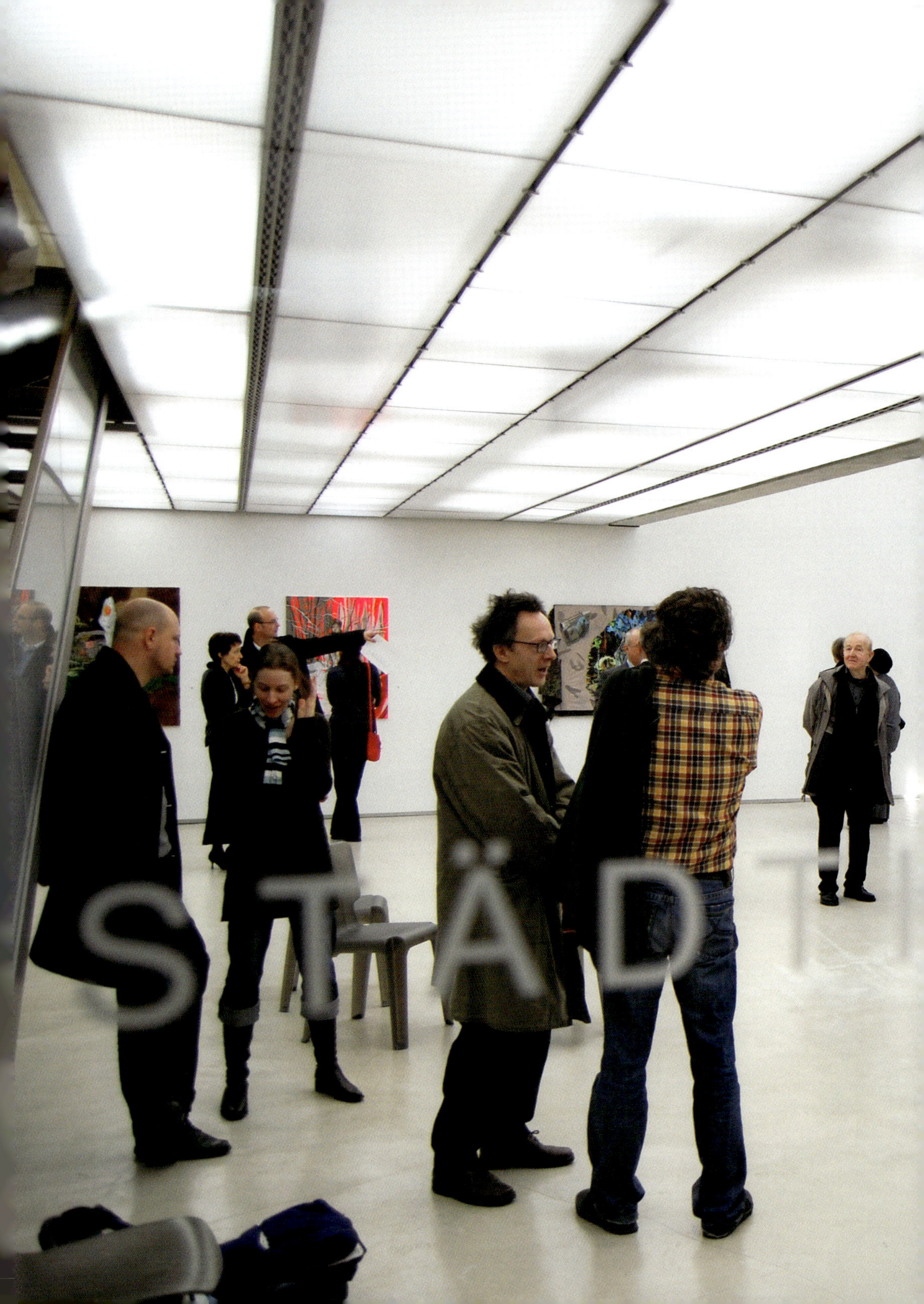
S T Ä D

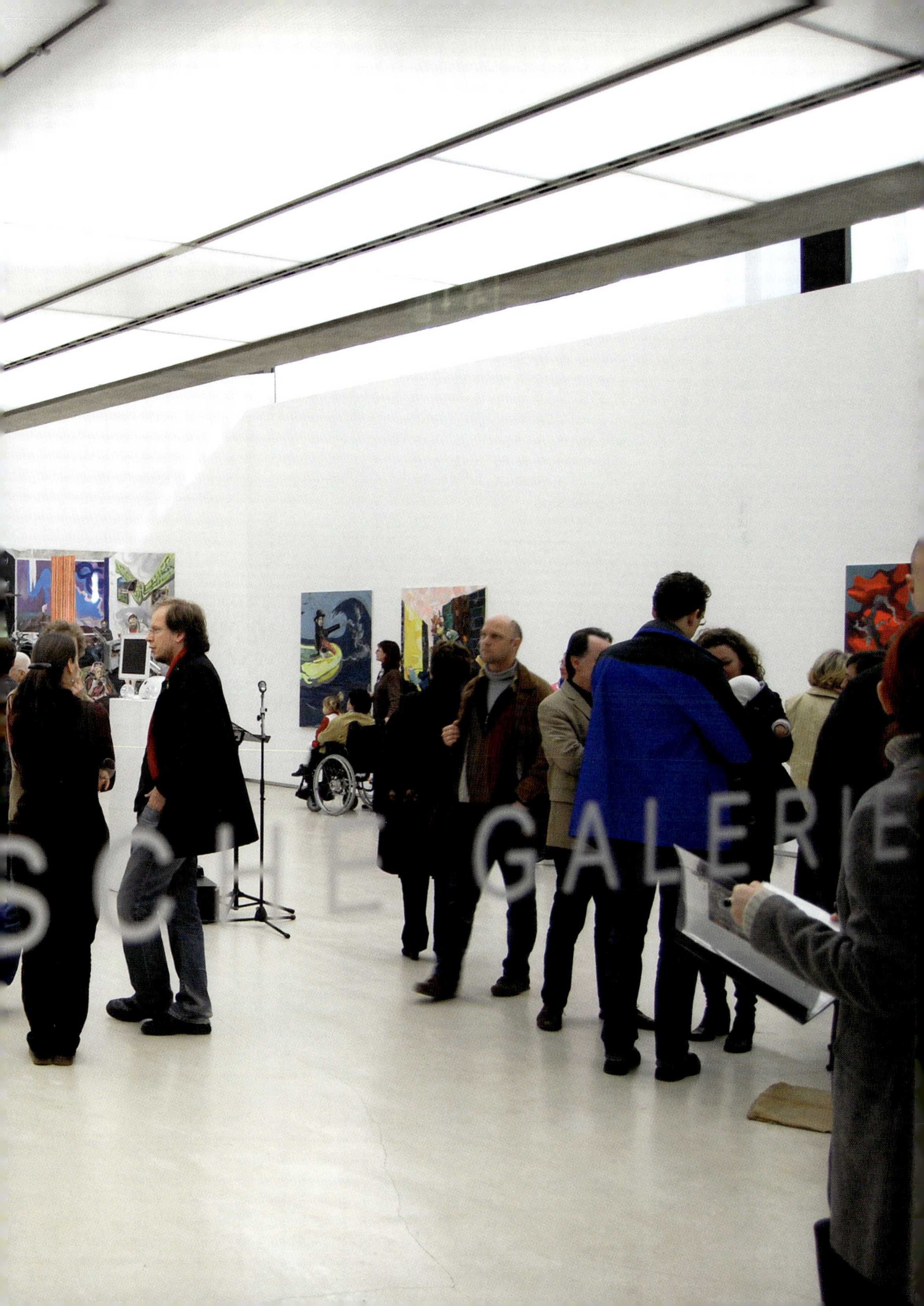
SCHE GALERIE

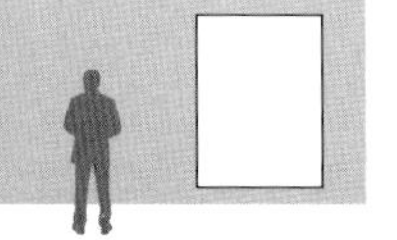

Team Neujahr 2007/2008, Acryl auf Leinwand, 200 x 150 cm

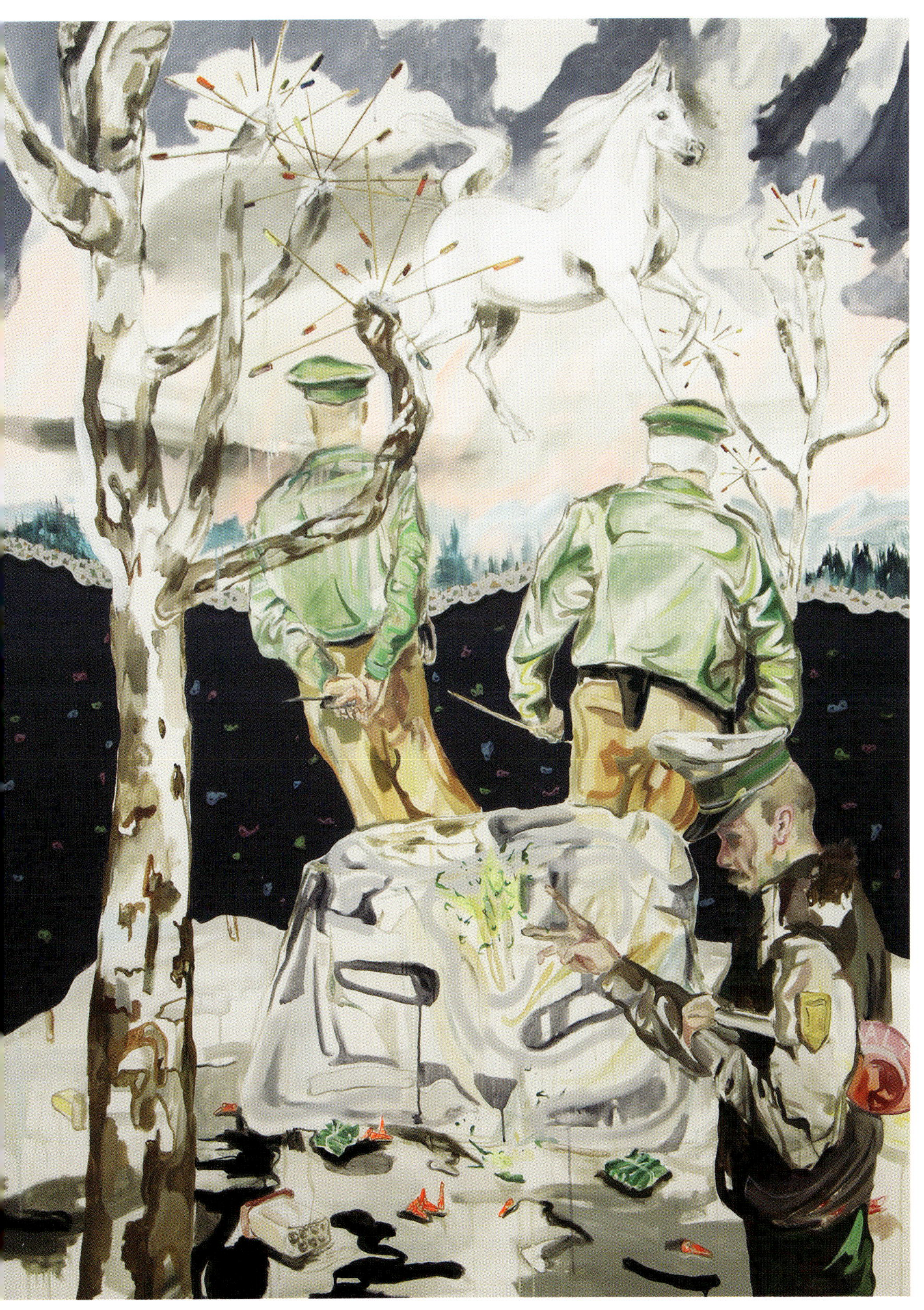

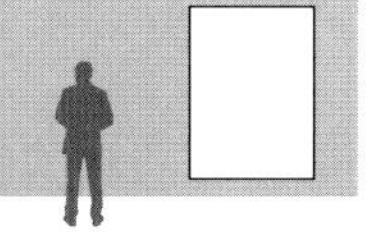

Campo Navi 2008, Mischtechnik auf Leinwand, 200 x 150 cm

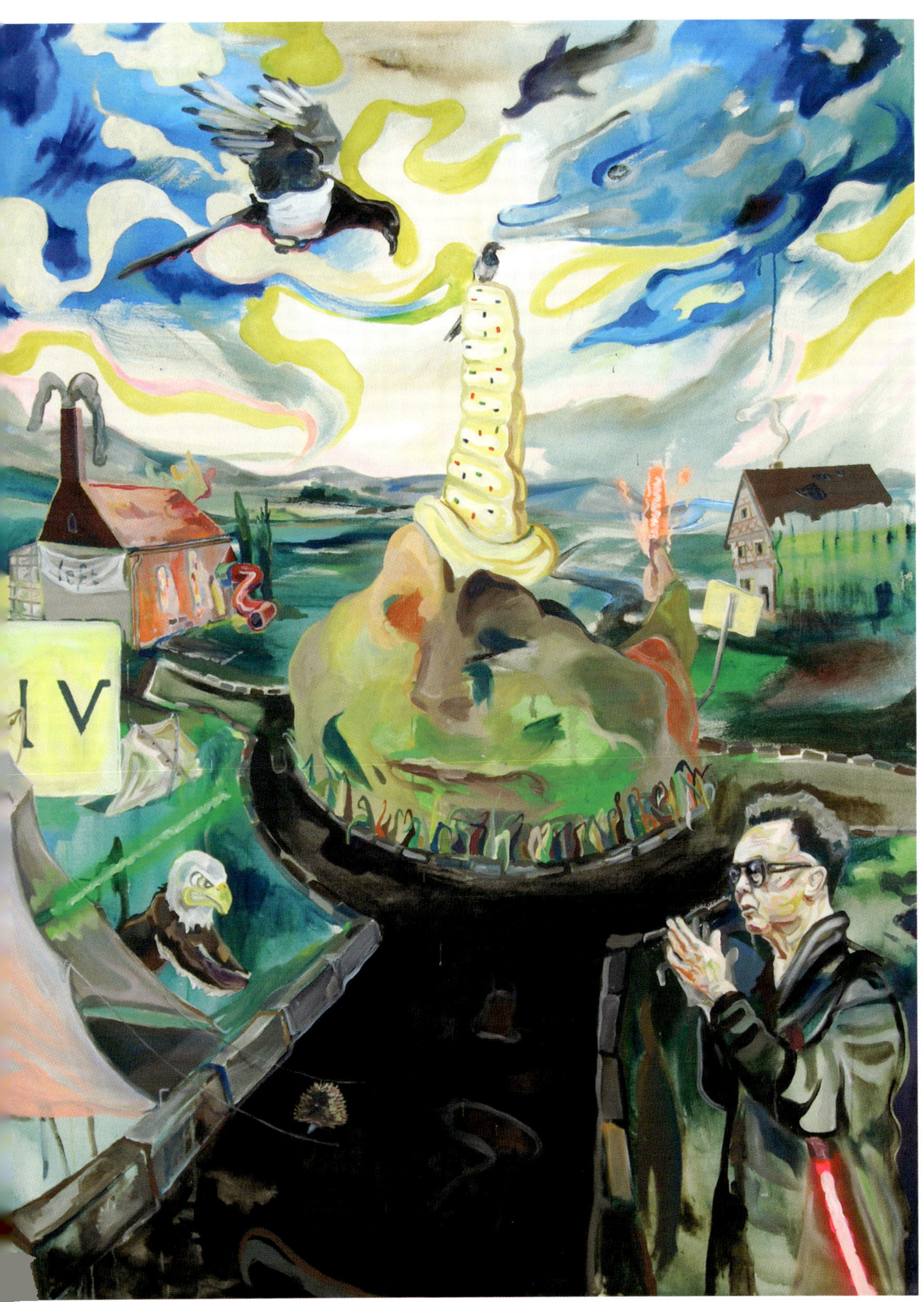
IV

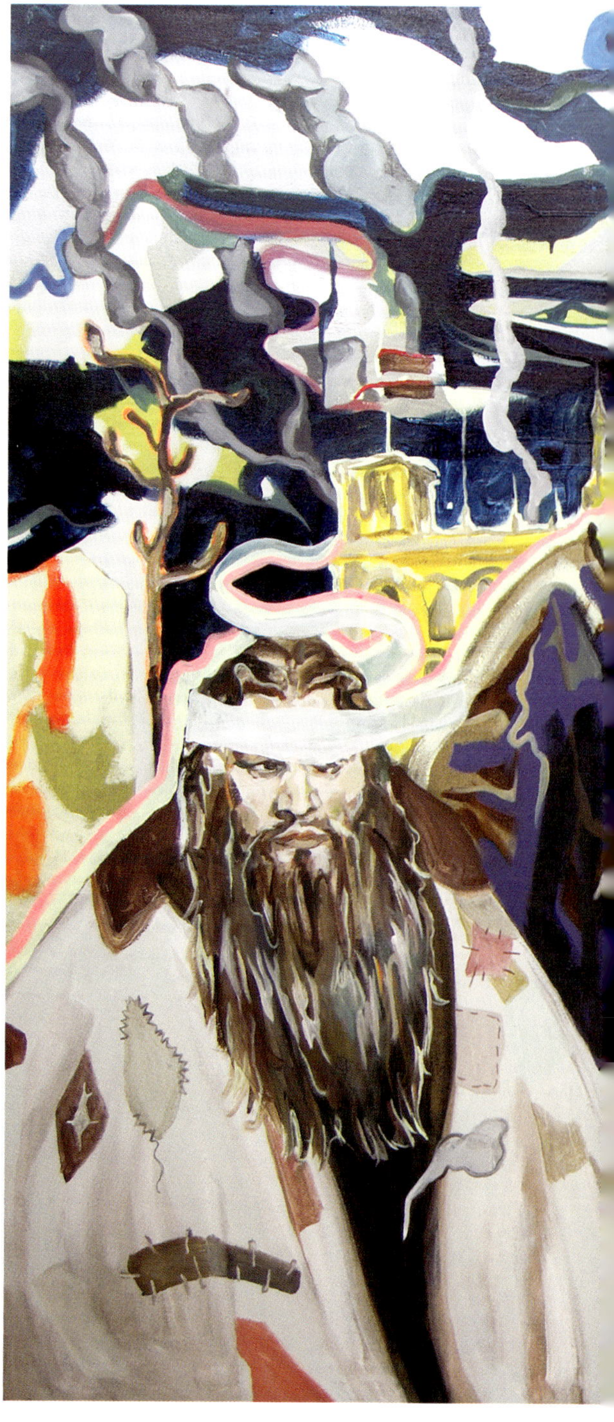

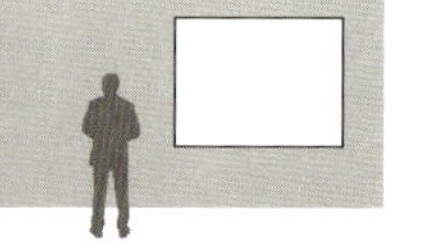

Team Massri Fieselschweif 2007, Mischtechnik auf Leinwand, 150 x 200 cm

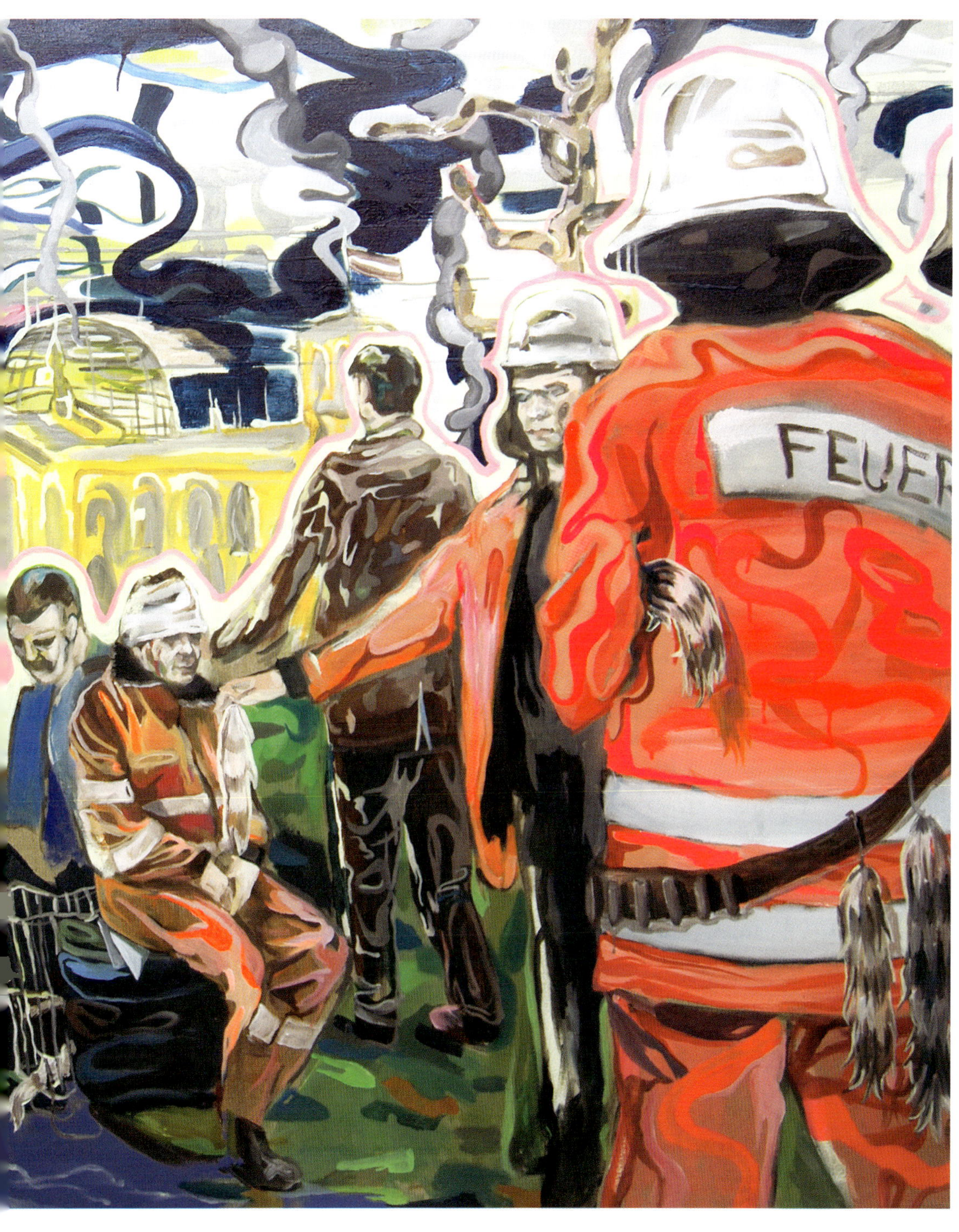
FEUER

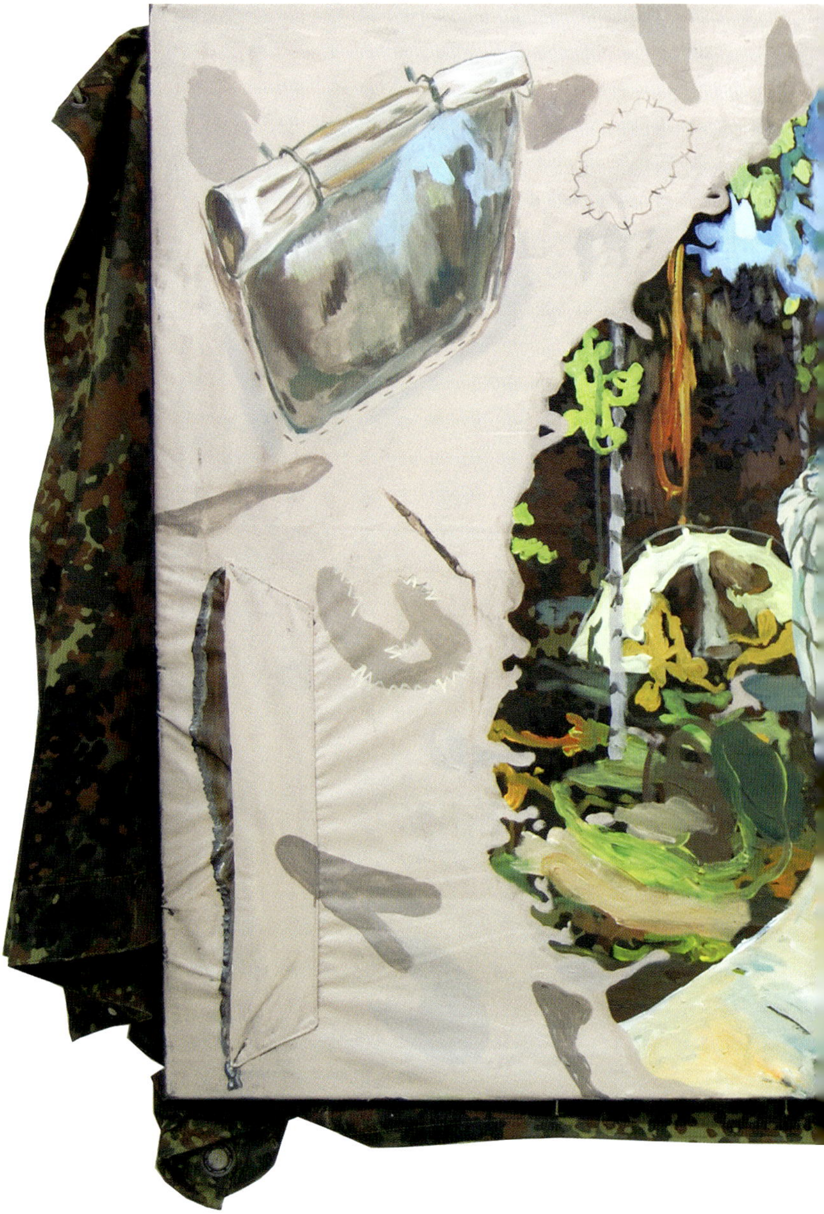

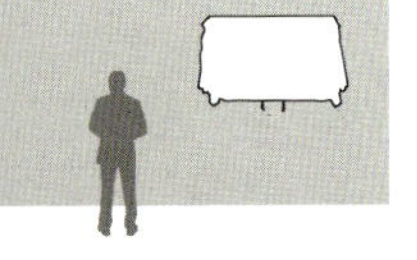

Team Tent 2007, Acryl auf Bundeswehrzelt, 100 x 160 cm

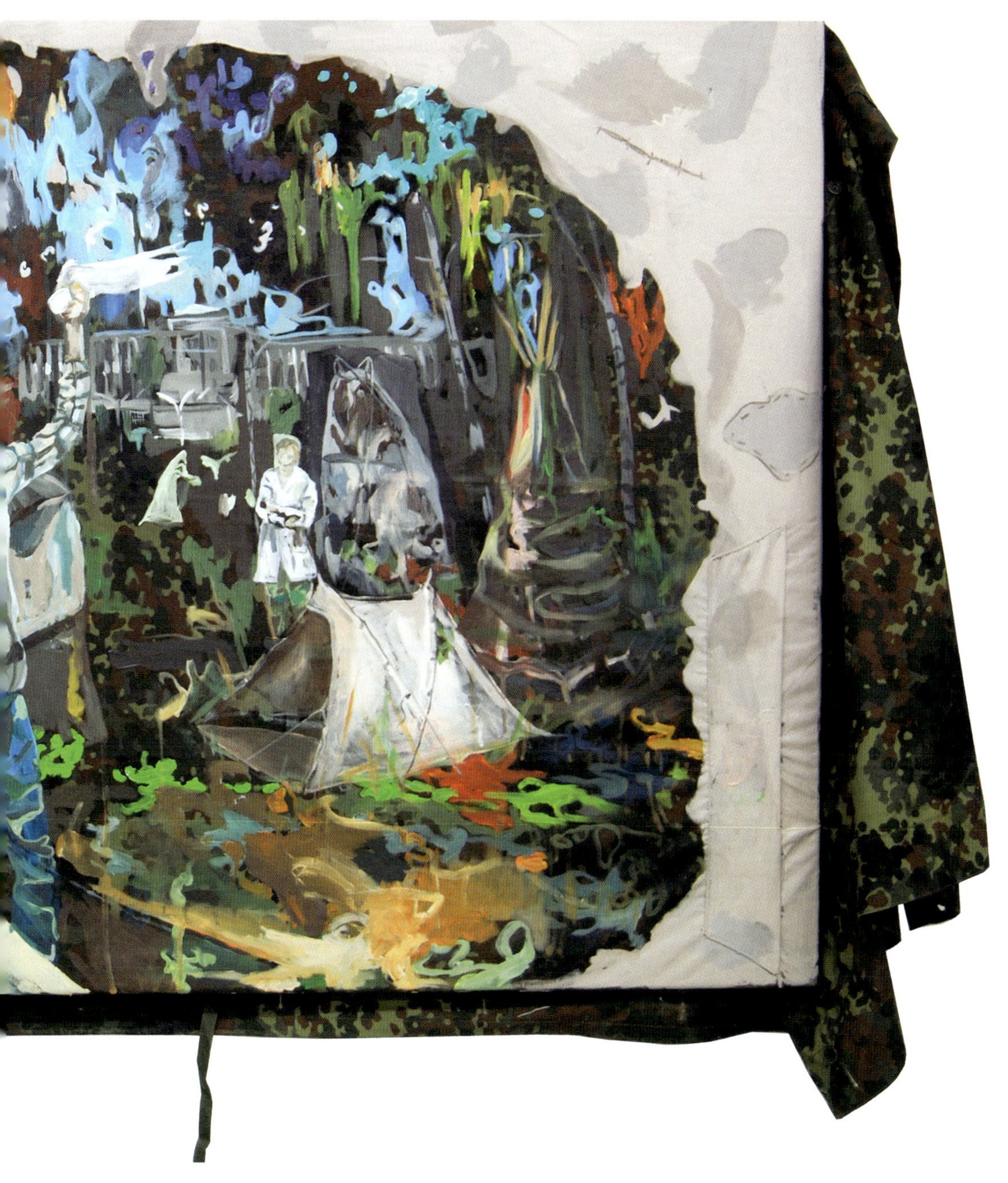

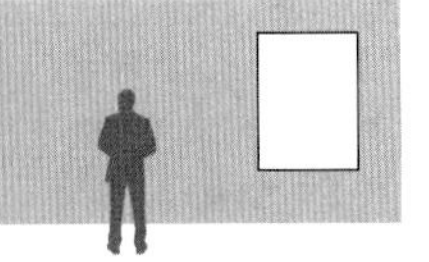

Team R.I.P. 2007, Mischtechnik auf Leinwand, 160 x 120 cm

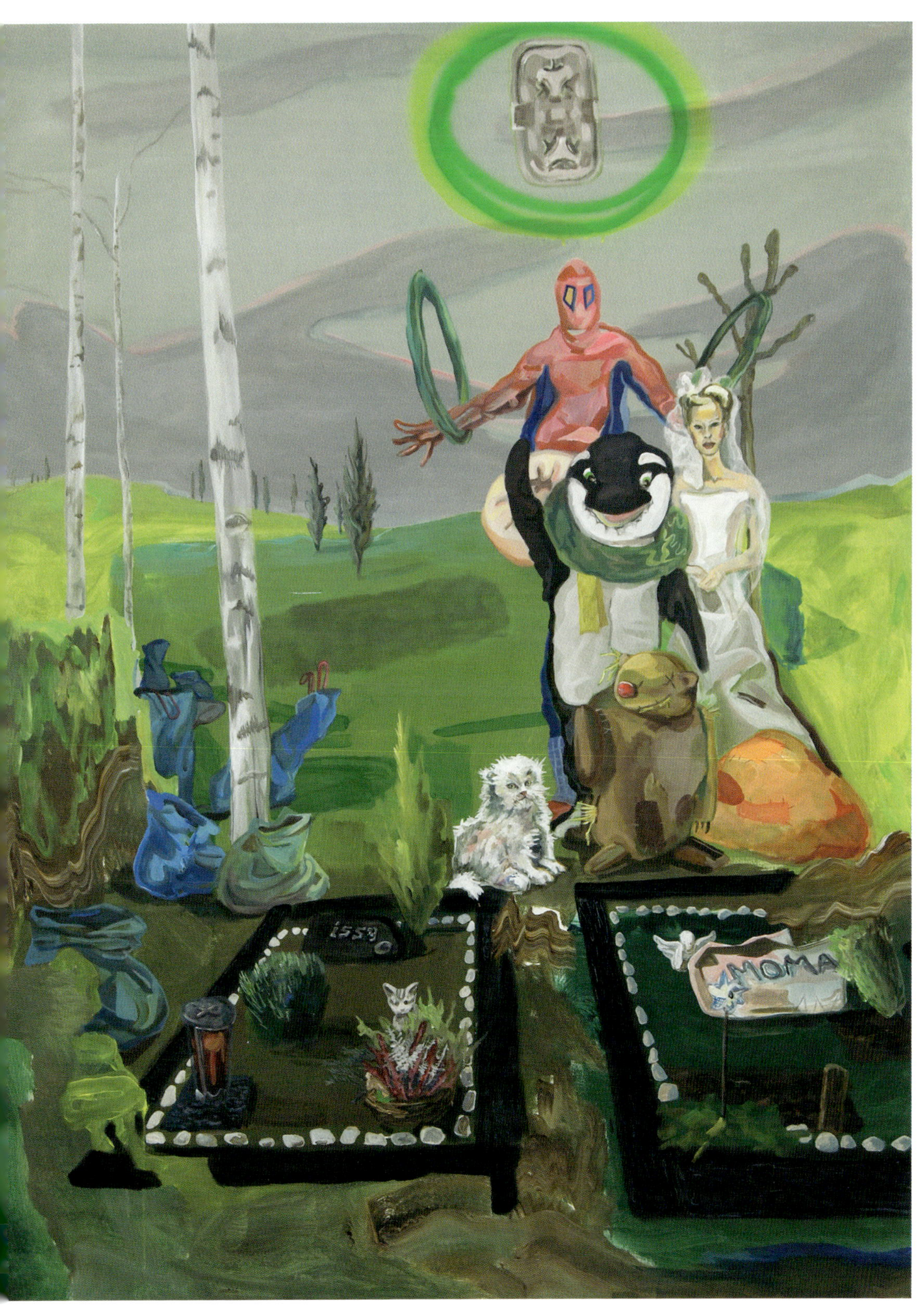
MOMA

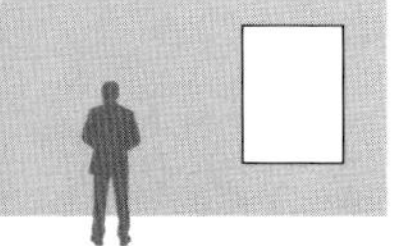

Team Othertongue 2007, Mischtechnik auf Leinwand, 160 x 120 cm

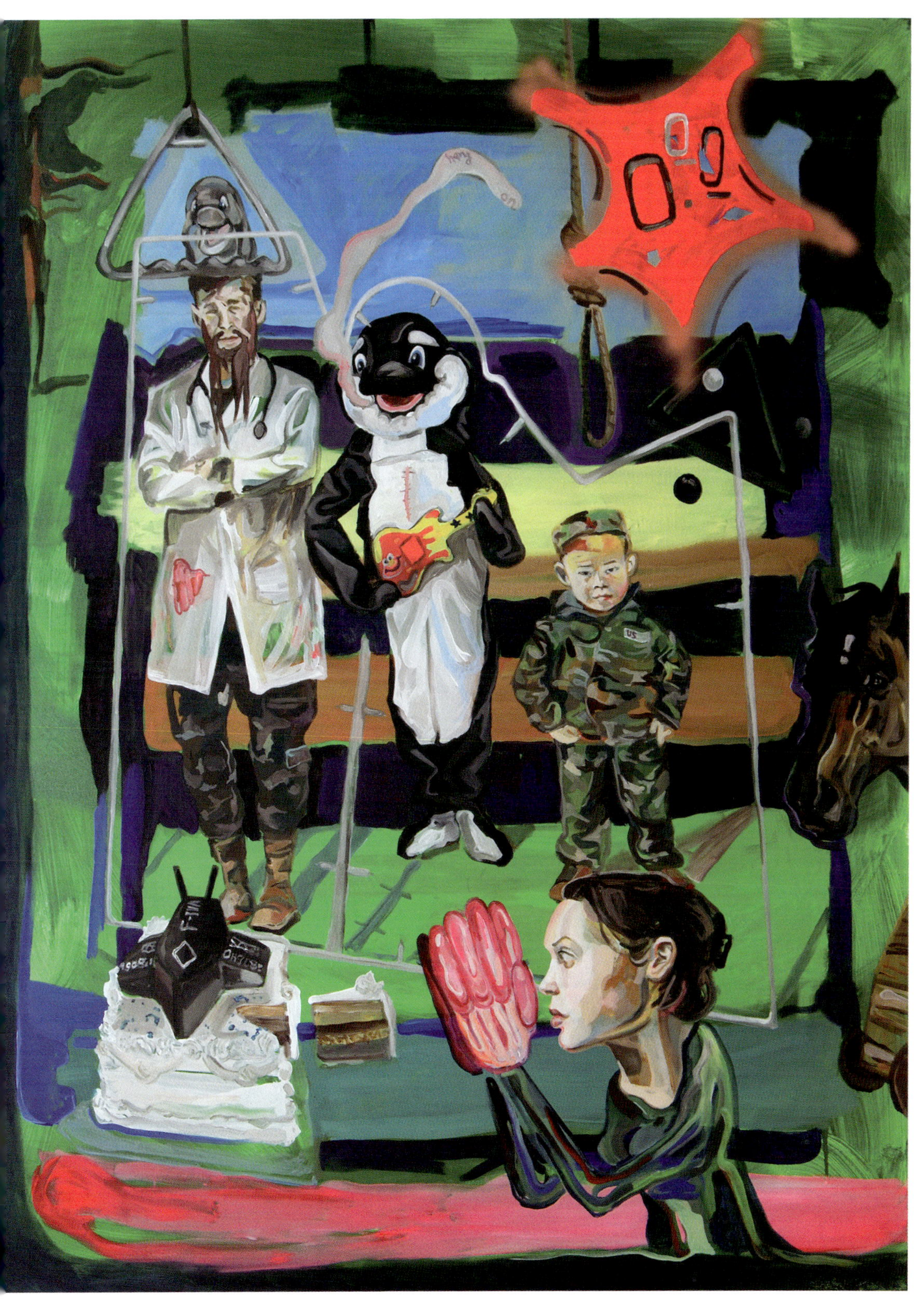

hang
on
US

Team Barker 2007, Mischtechnik auf Leinwand, 160 x 120 cm

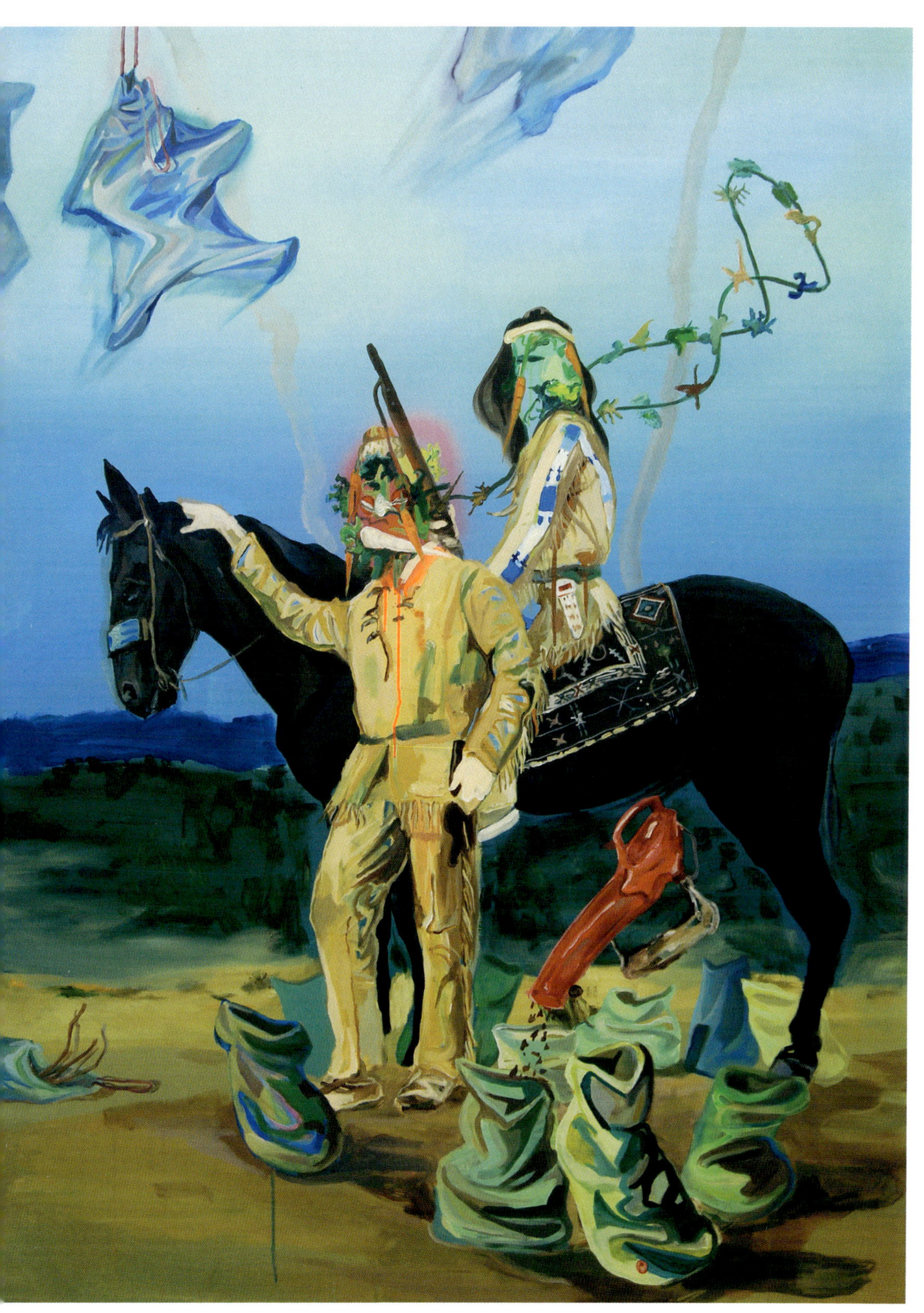

Team Pelele 2007, Acryl auf Leinwand, 160 x 120 cm

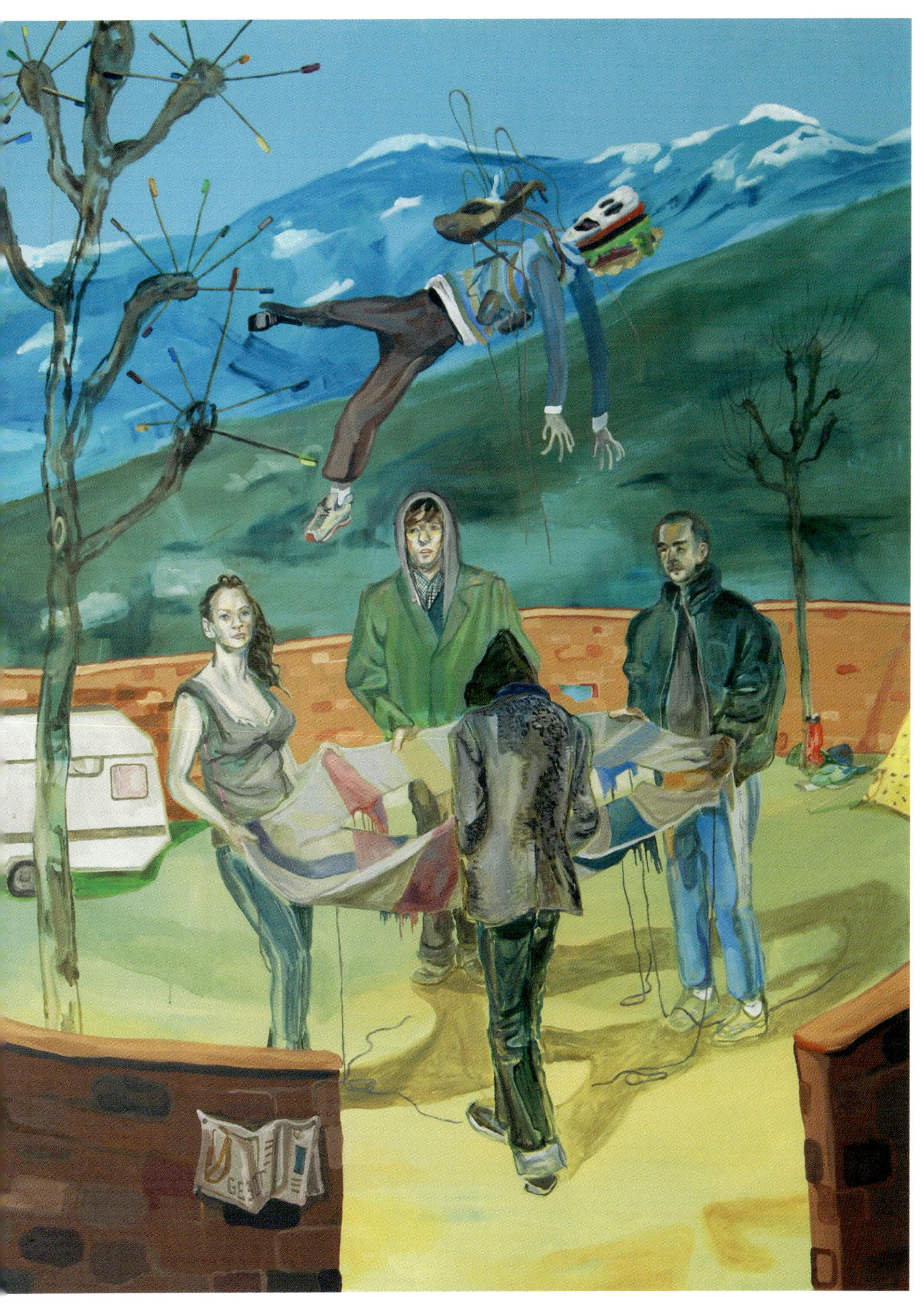

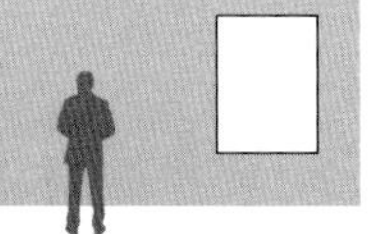

Team Dokey 2007, Mischtechnik auf Leinwand, 160 x 120 cm
(Privatsammlung, Düsseldorf, courtesy Galerie kunst-raum, Essen)

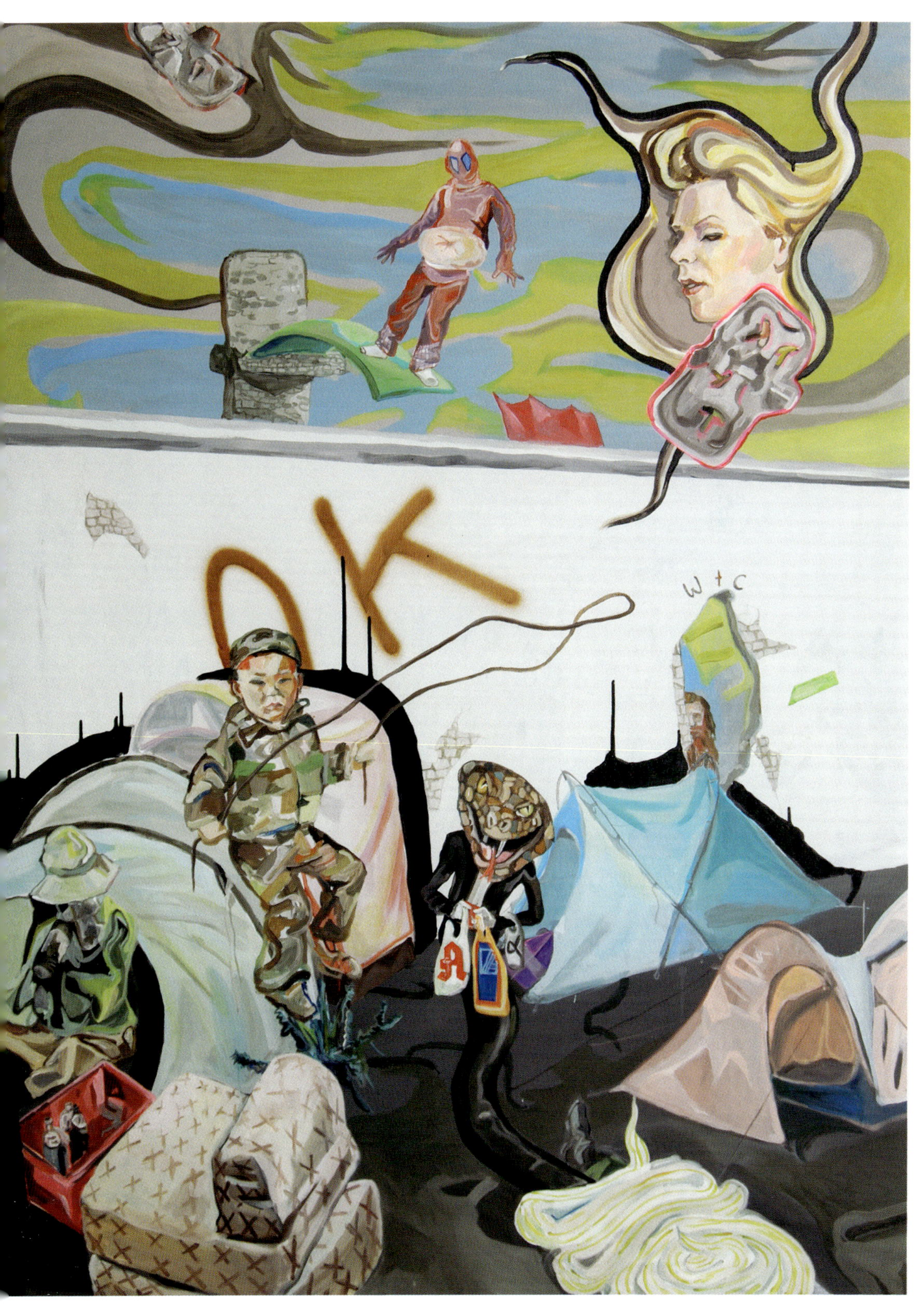
OK
W + C

Team No-Ah Nunc 2007, Mischtechnik auf Leinwand, 160 x 120 cm

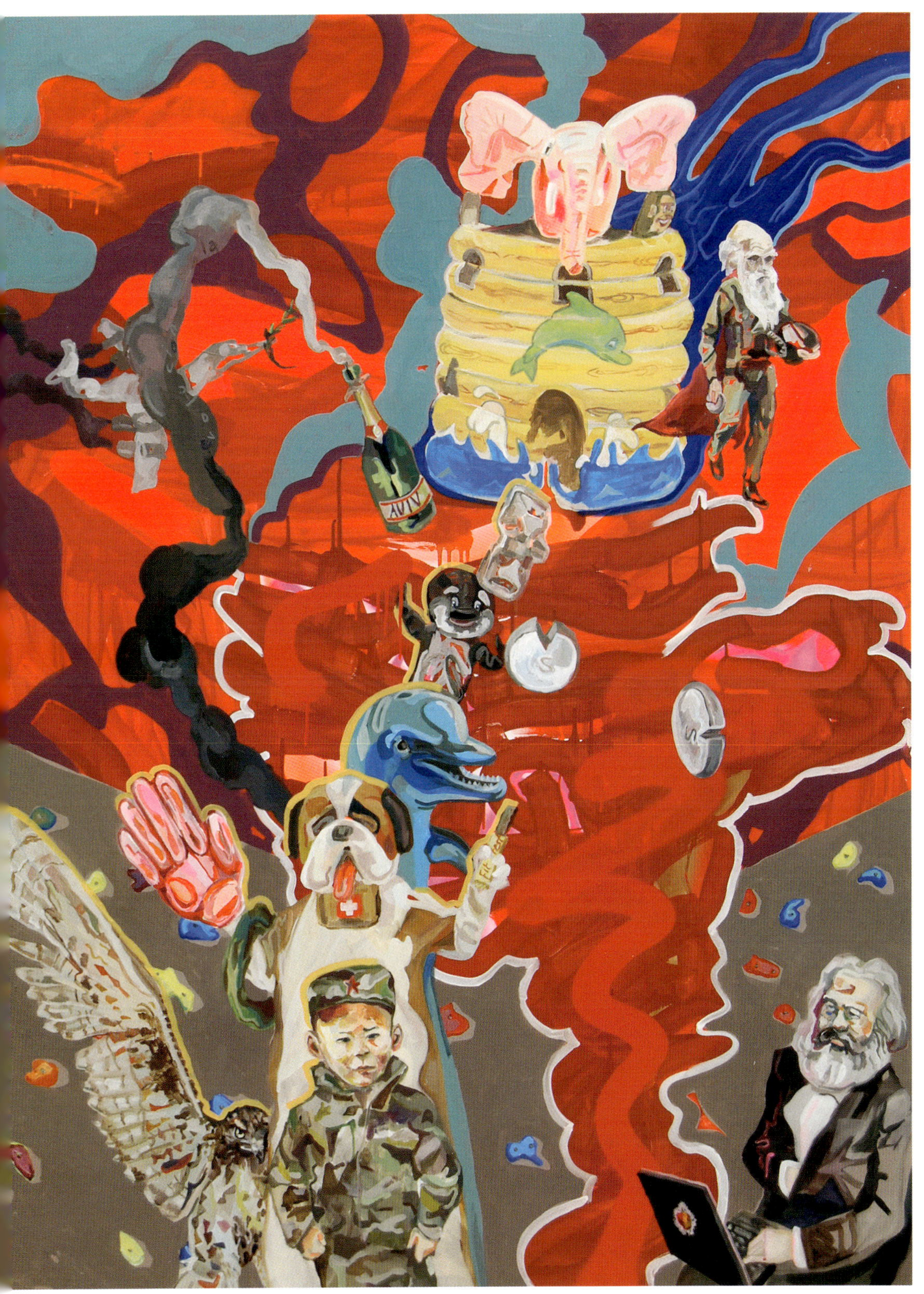

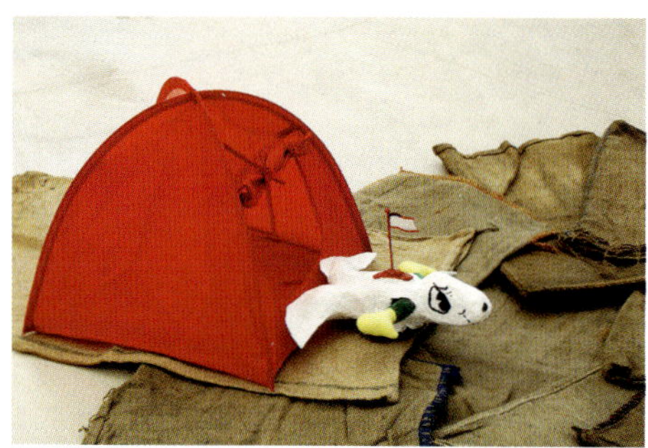

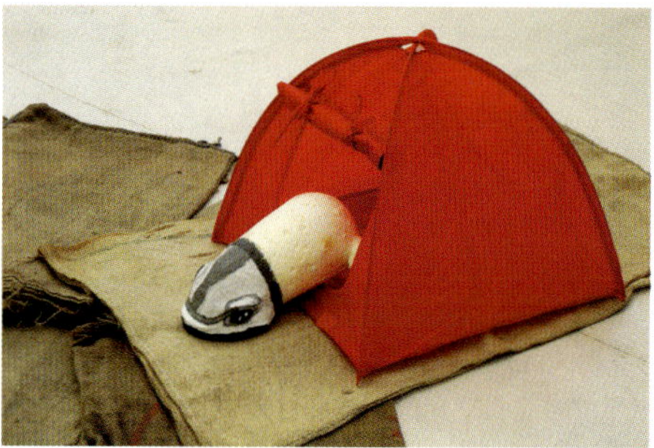

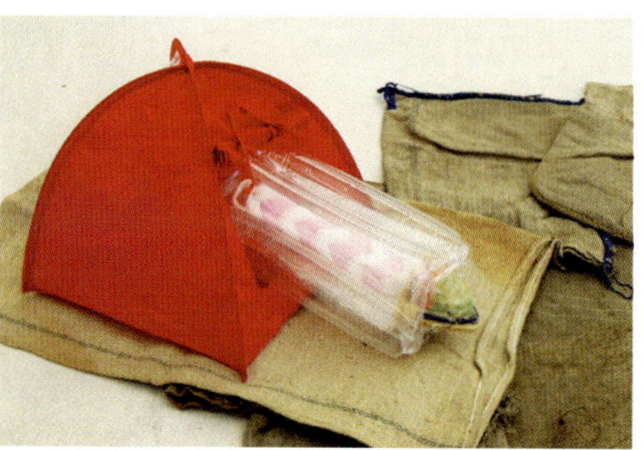

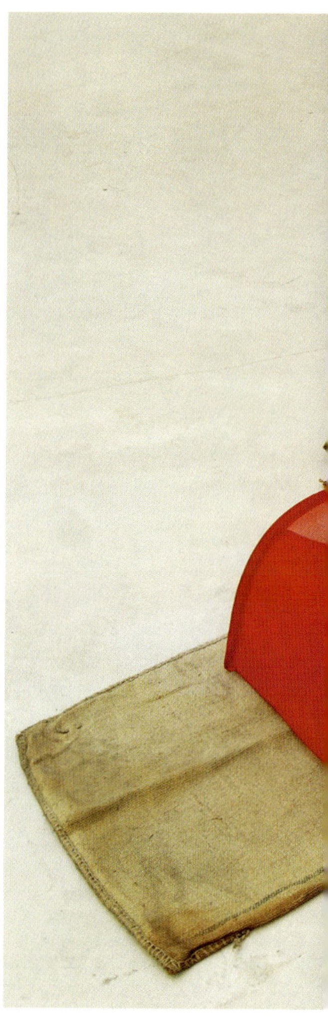

Tripp, Trapp und Trupp 2008, Zelte / Säcke / Figuren, Durchmesser ca. 150 cm

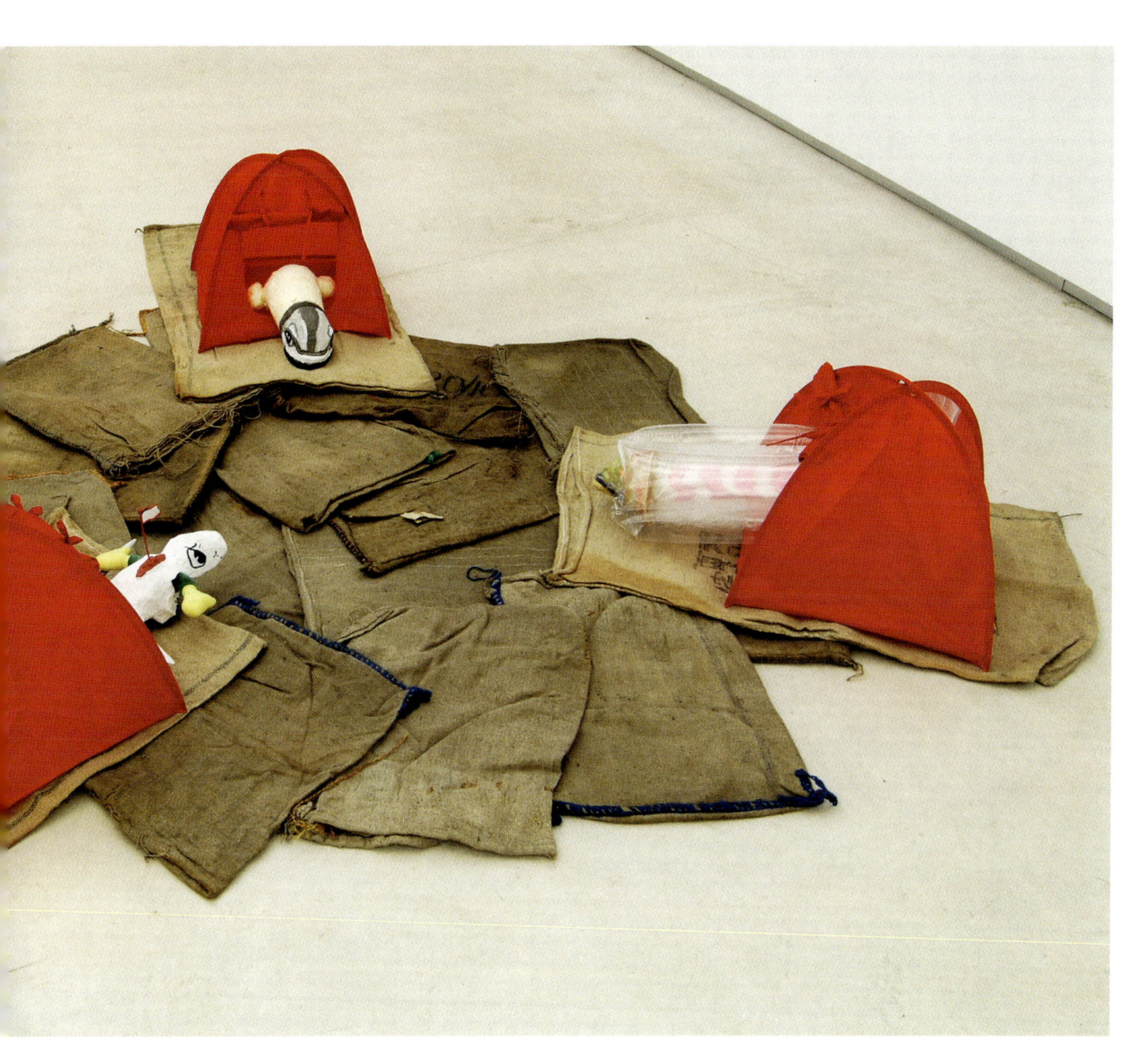

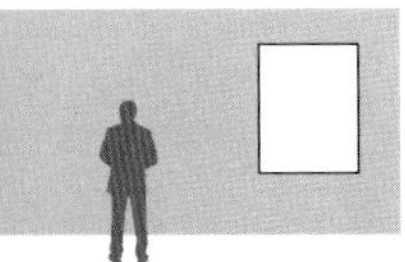

Boot 2007, Mischtechnik auf Leinwand, 150 x 120 cm

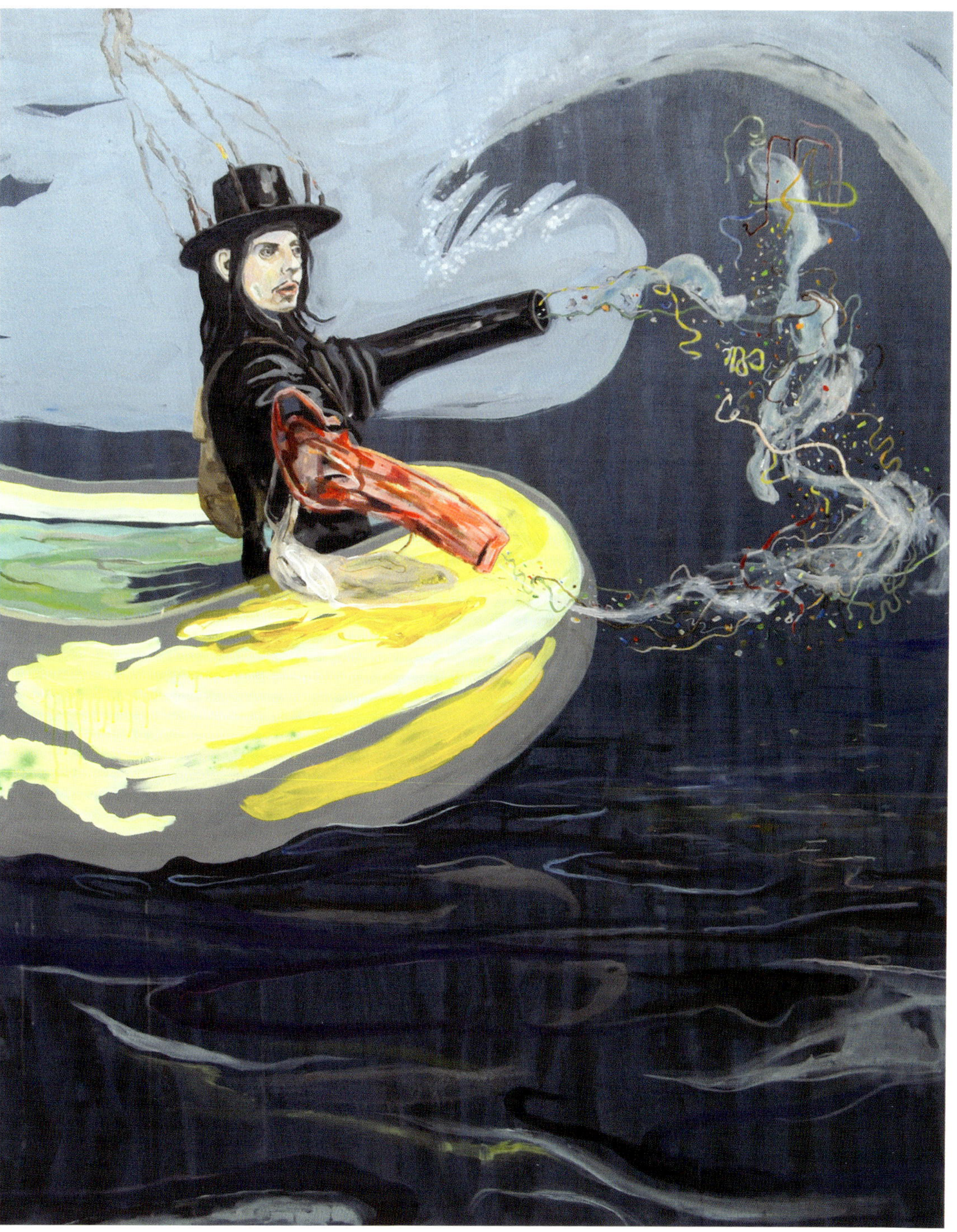

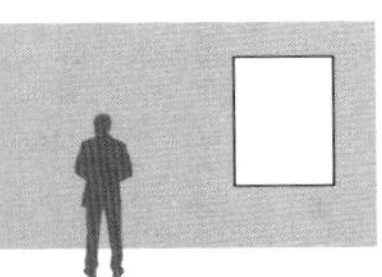

Hamlit 2007, Mischtechnik auf Leinwand, 150 x 120 cm

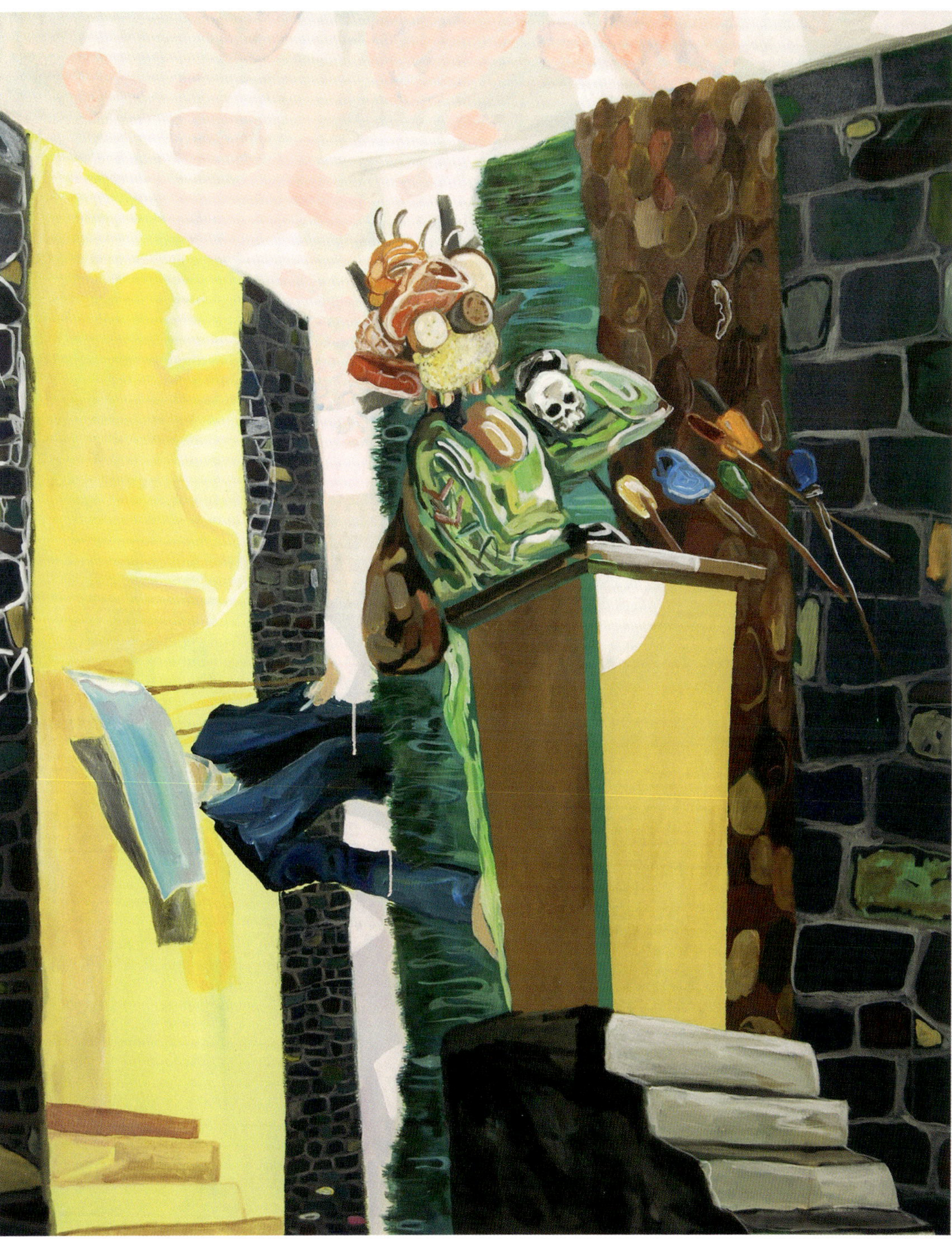

Ein Landarzt 2007, Mischtechnik auf Leinwand, 140 x 100 cm

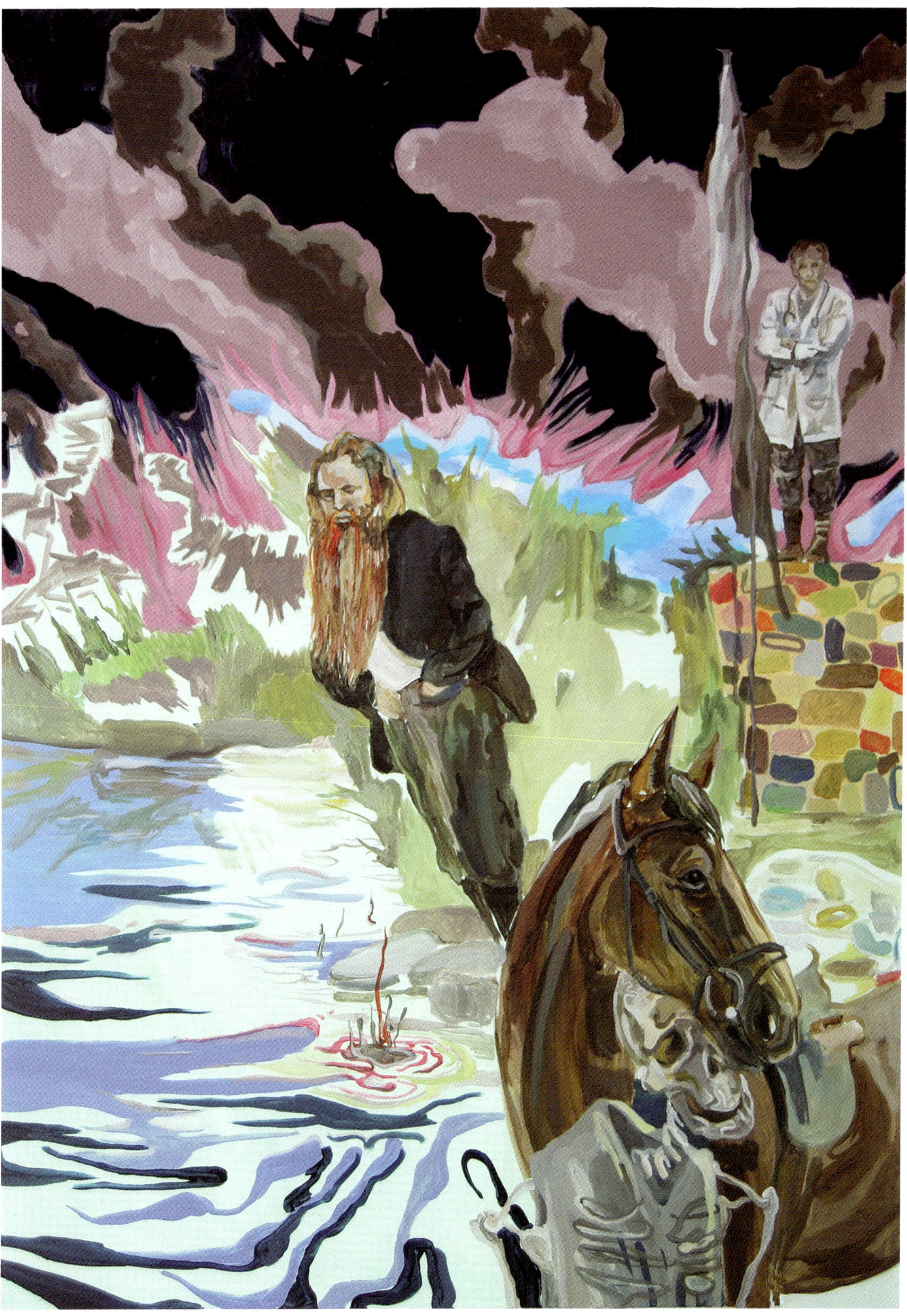

Schräger Förster 2007, Mischtechnik auf Leinwand, 140 x 100 cm

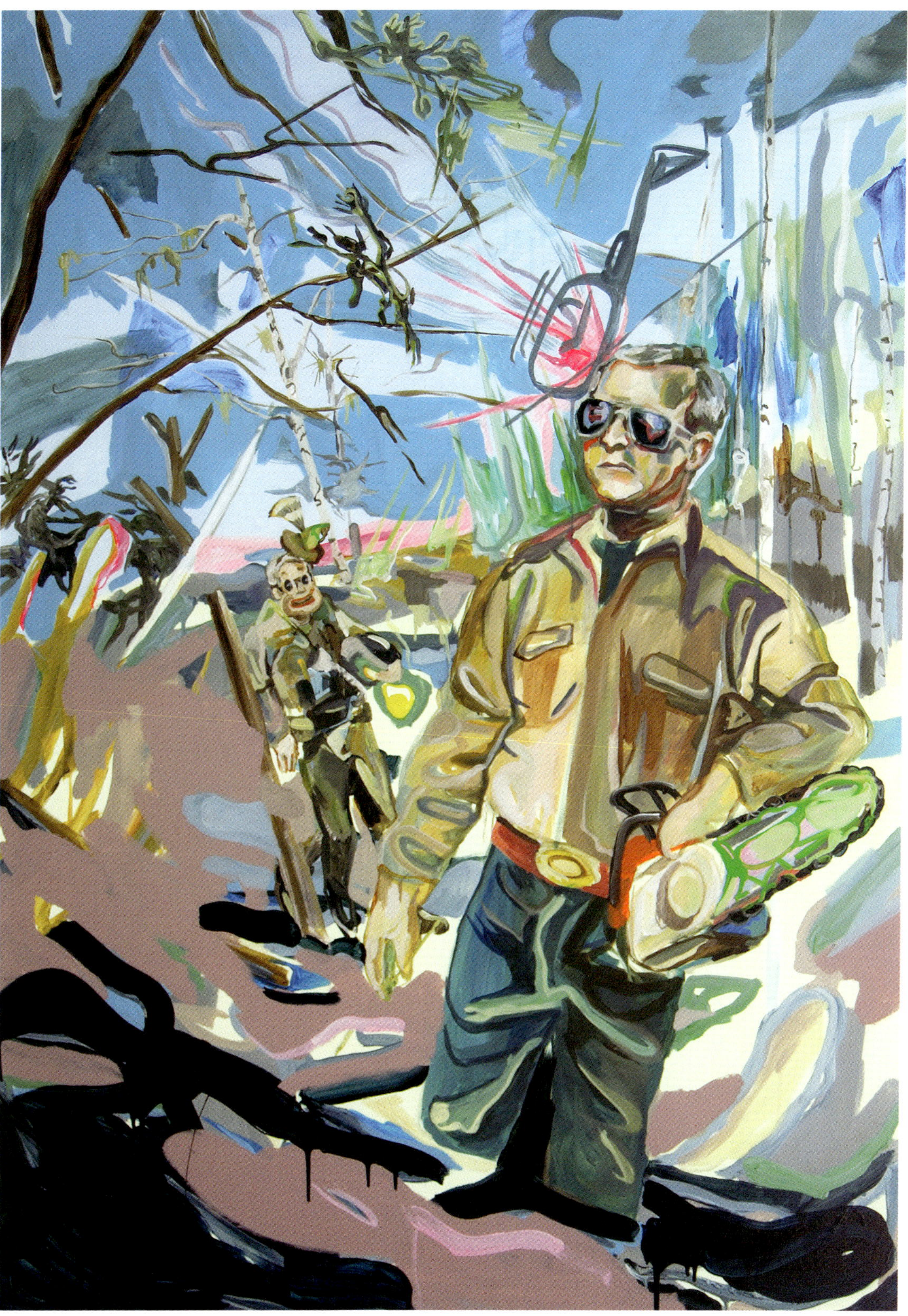

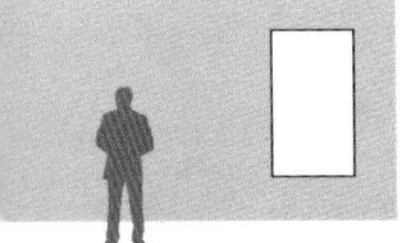

Team Golem 2007, Mischtechnik auf Leinwand, 170 x 100 cm

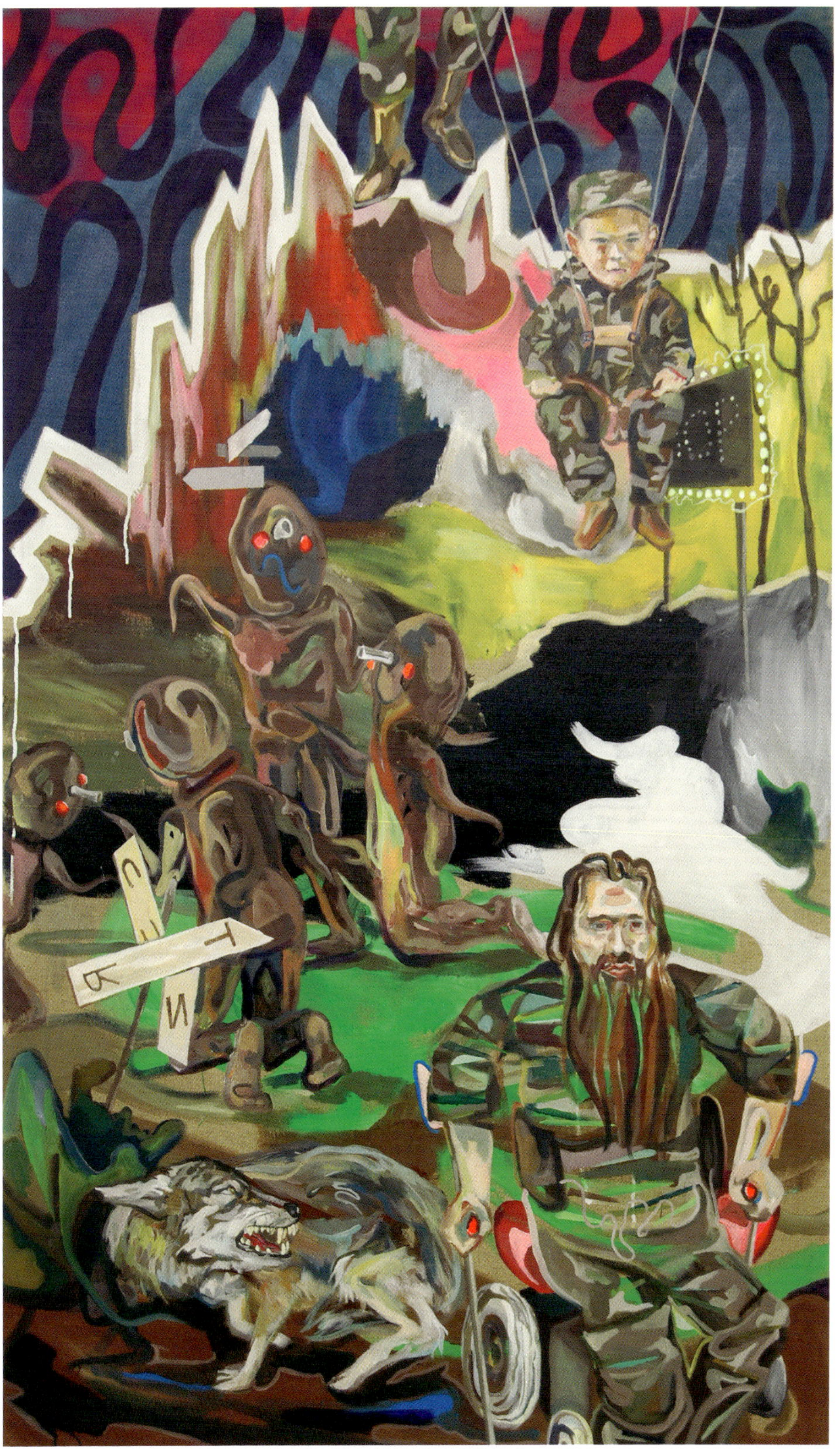

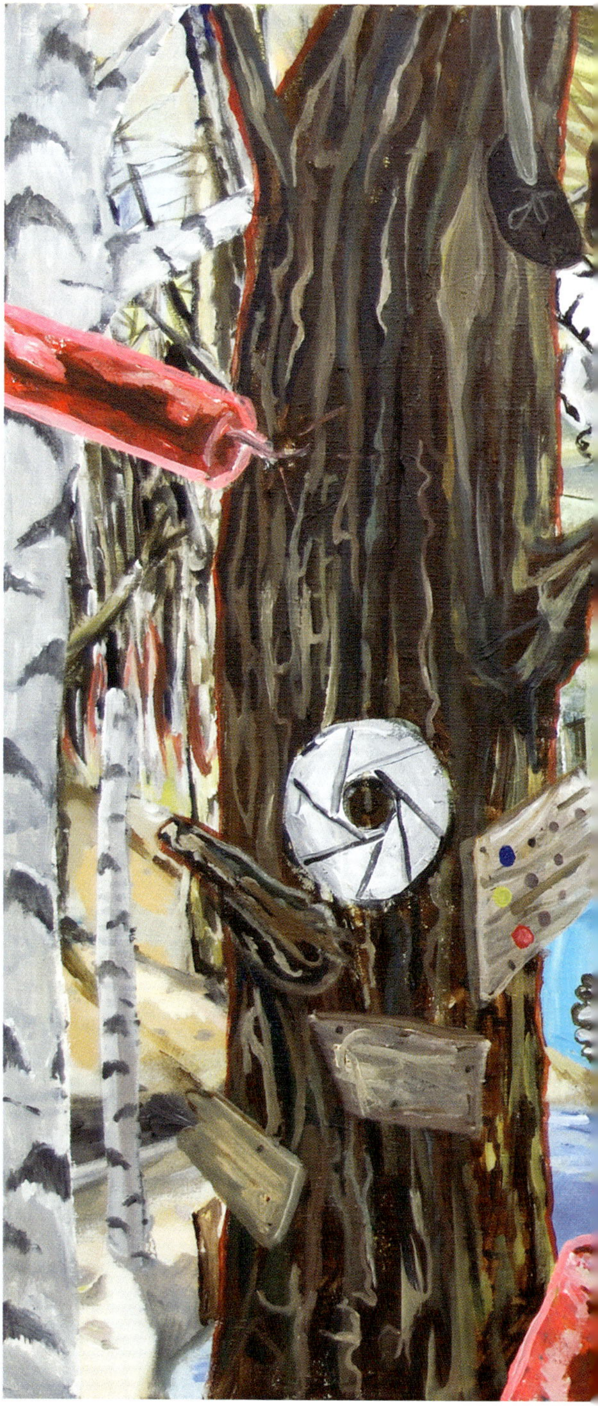

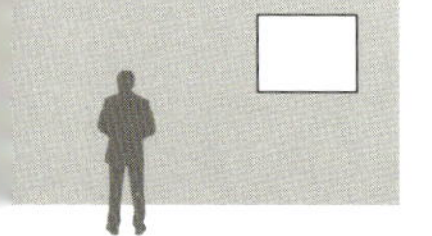

Fort Fun City 2004 - 2007, Mischtechnik auf Leinwand, 90 x 120 cm

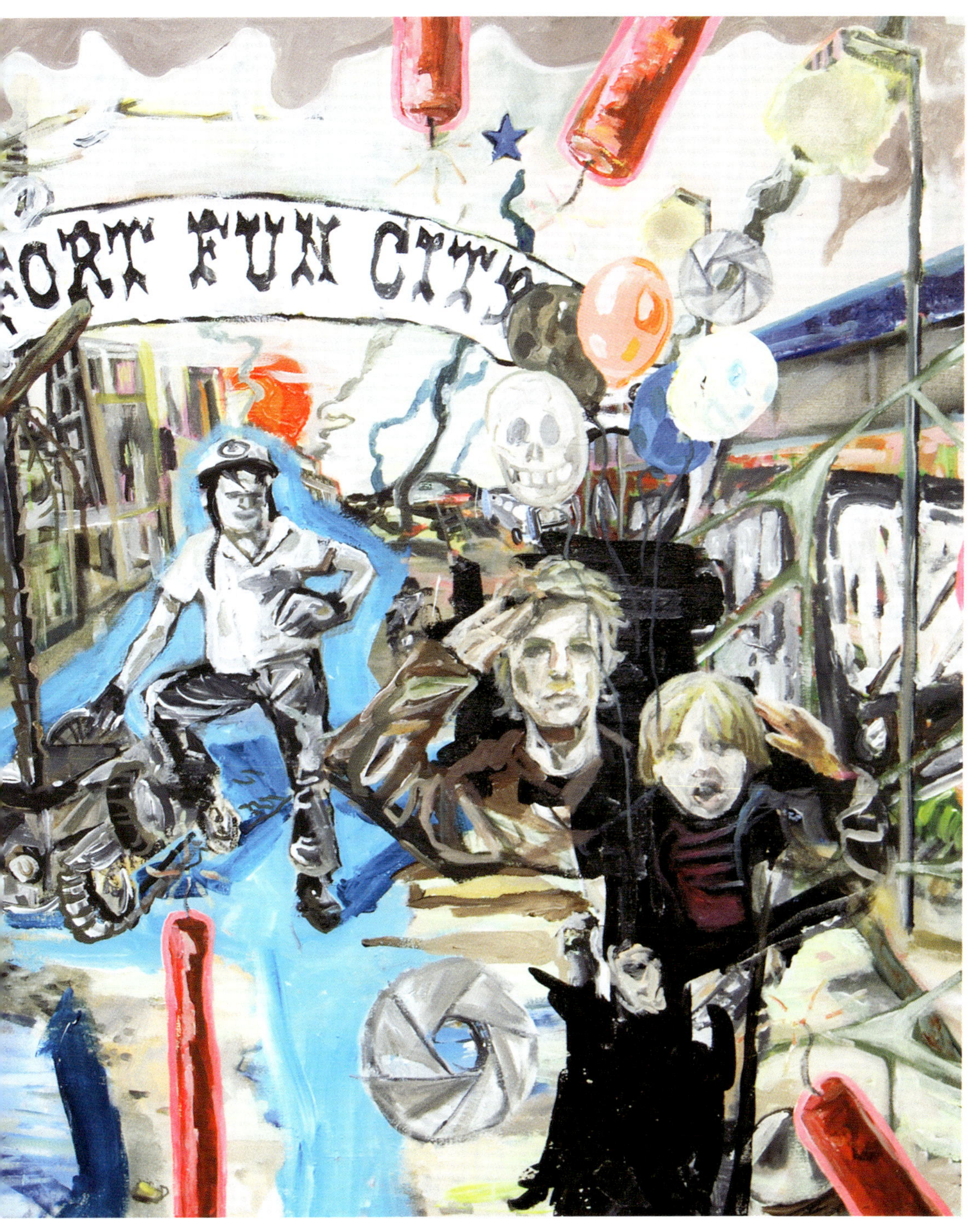
ORT FUN CIT

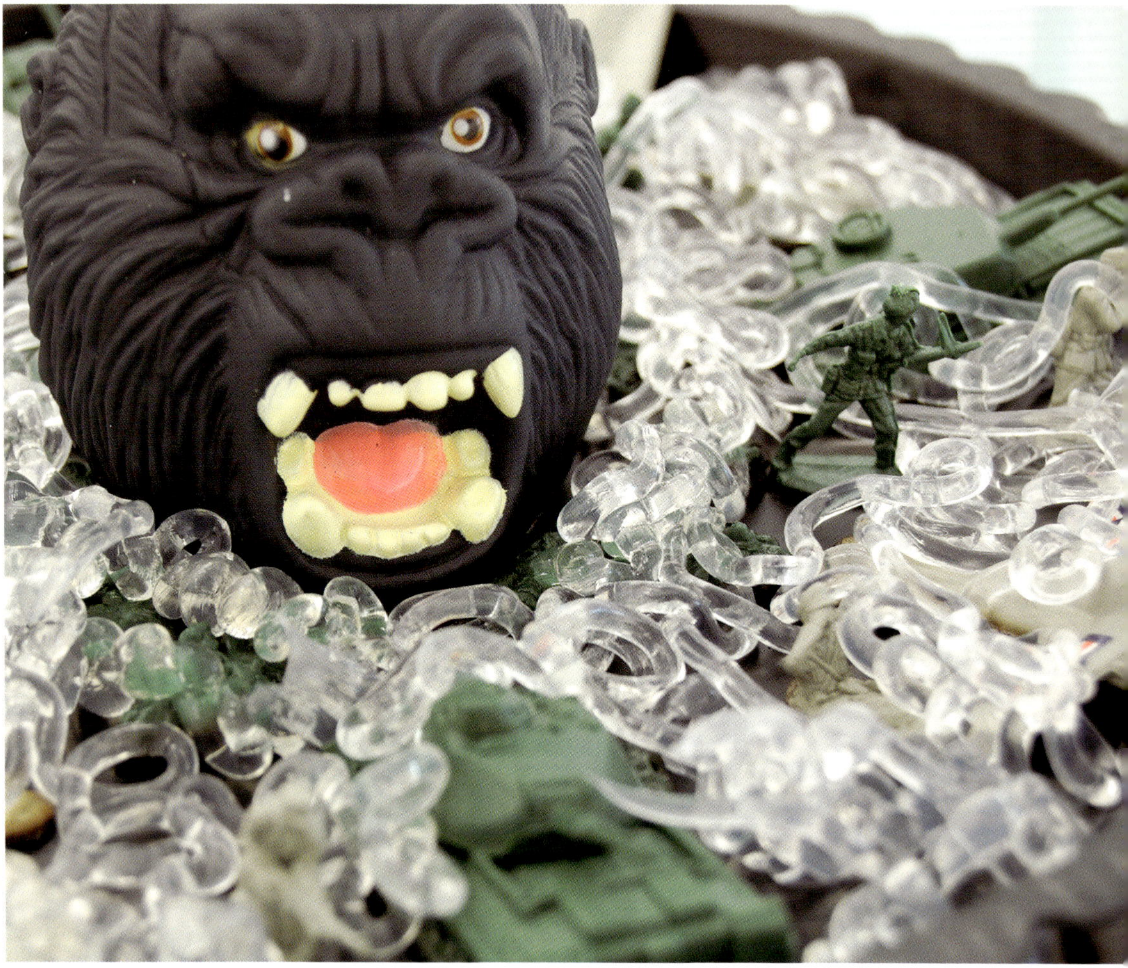

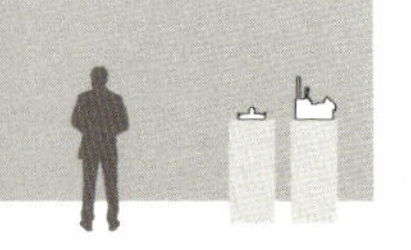

v. l. n. r. **Biss-quit** 2008, Kuchenform / geschmolzene Spielfiguren / Silikon, Ø ca. 30 cm (Ausschnitt)
Paybäck Penner 2008, Schwämme / Spielfigur / Kaugummi / Zigarrenhülle, ca. 27,5 x 25,5 x 25 cm

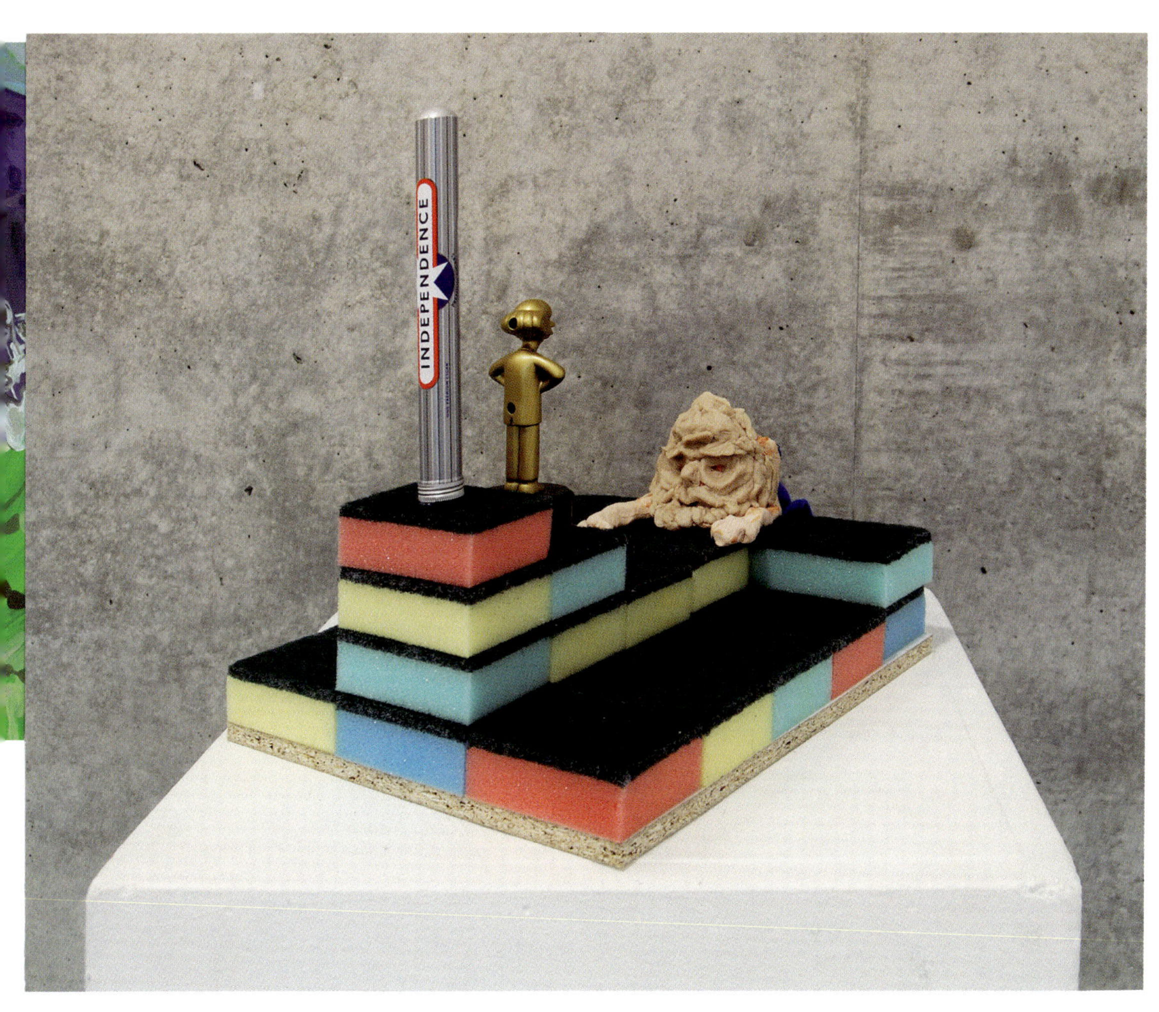
INDEPENDENCE

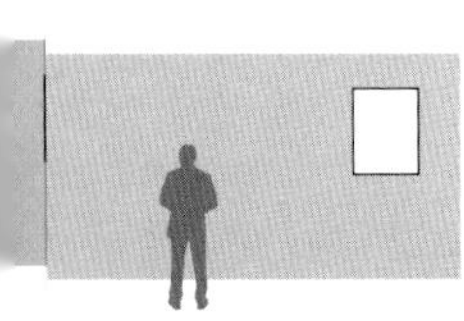

Aus der Serie »Alles außer Tiernahrung«

Schnabelschau 2007, Mischtechnik auf Leinwand, 100 x 80 cm

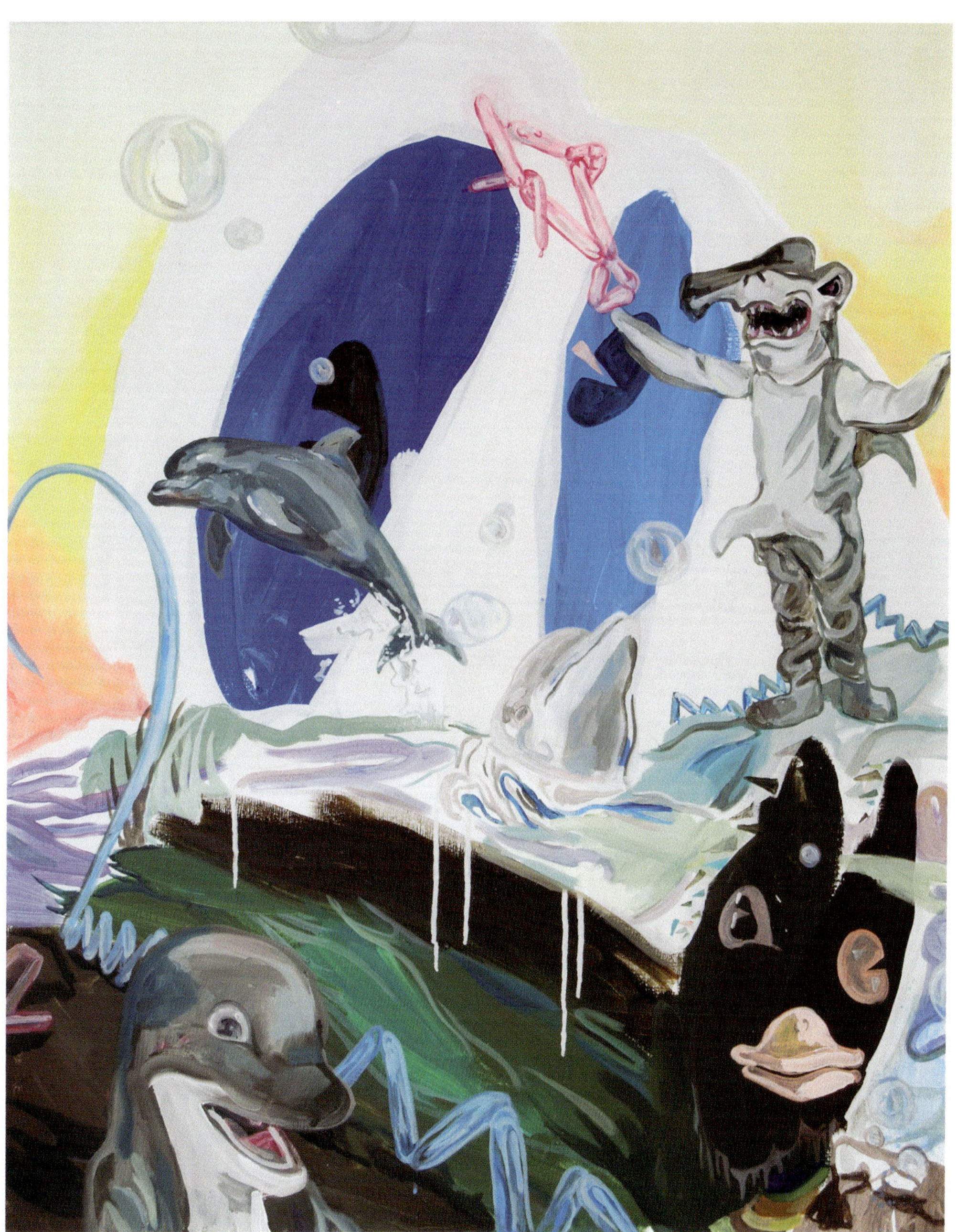

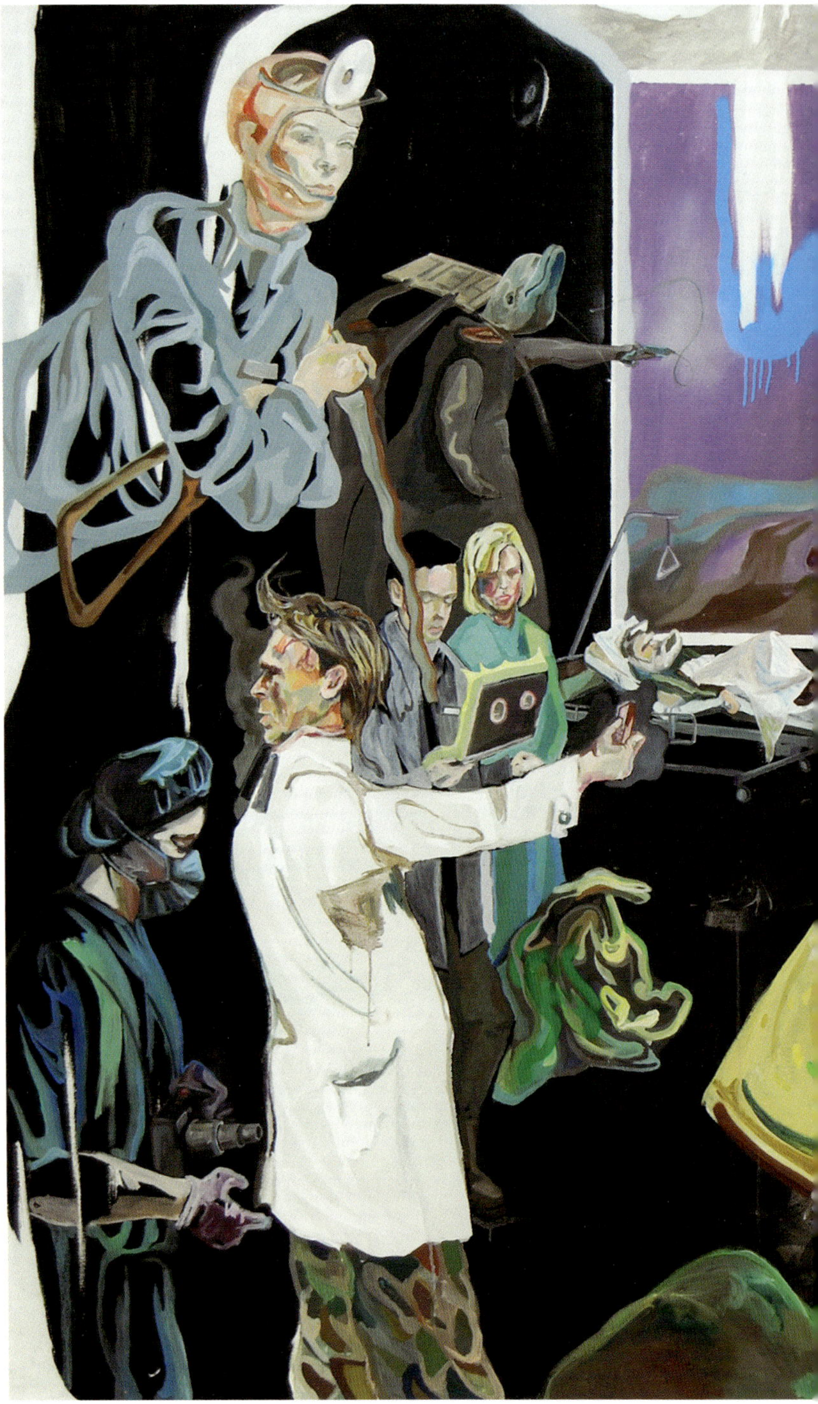

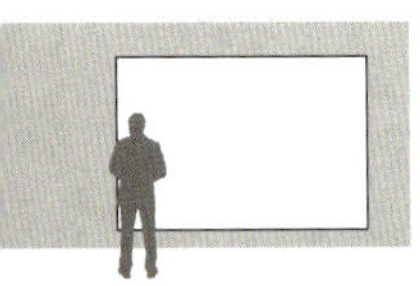

Gehständig 2008, Mischtechnik auf Leinwand, 200 x 300 cm

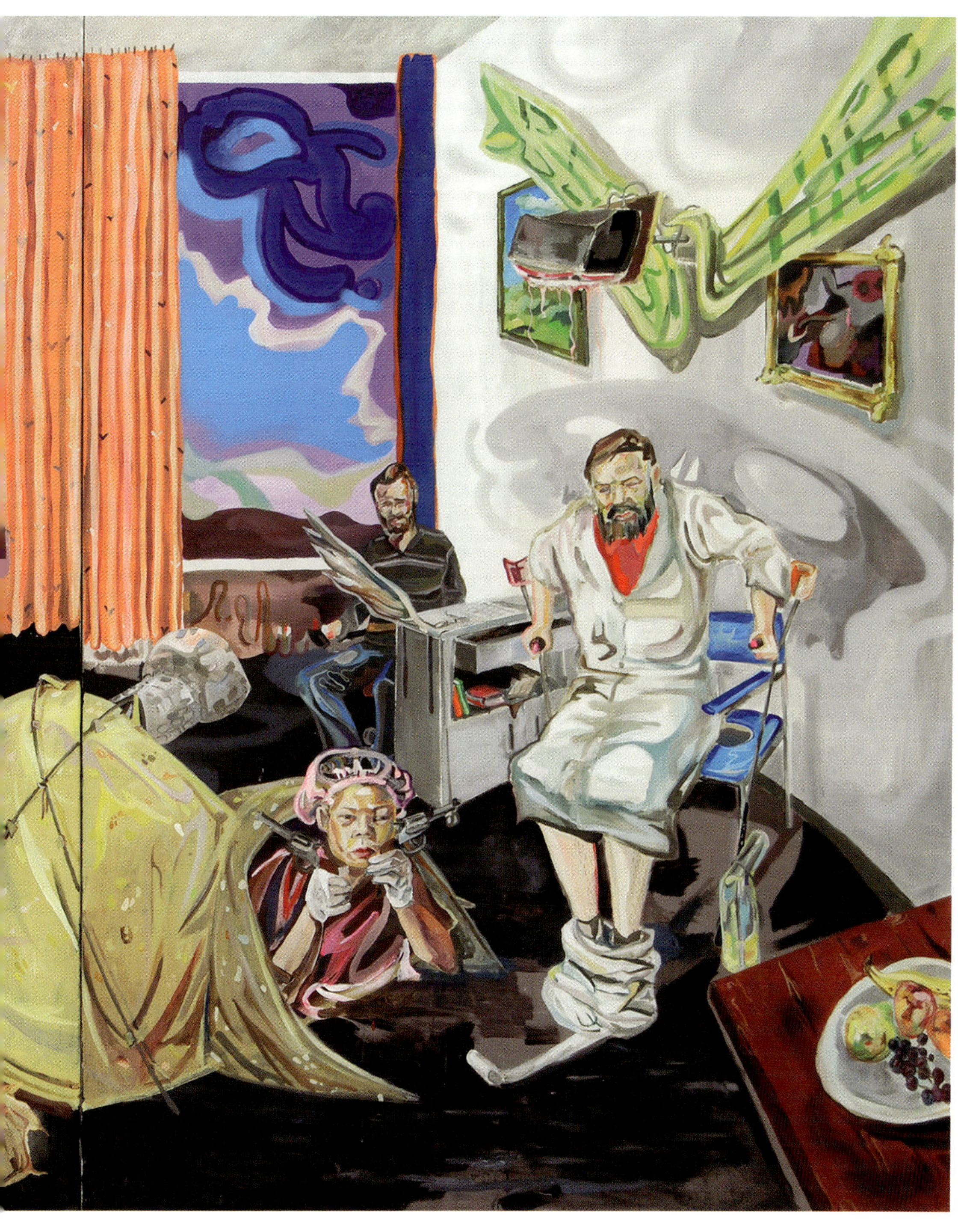

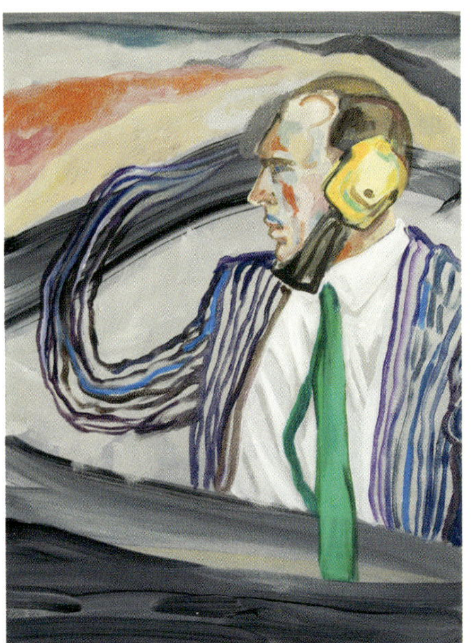

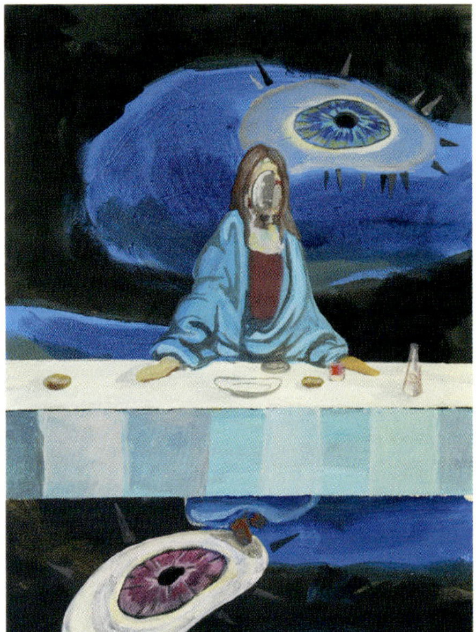

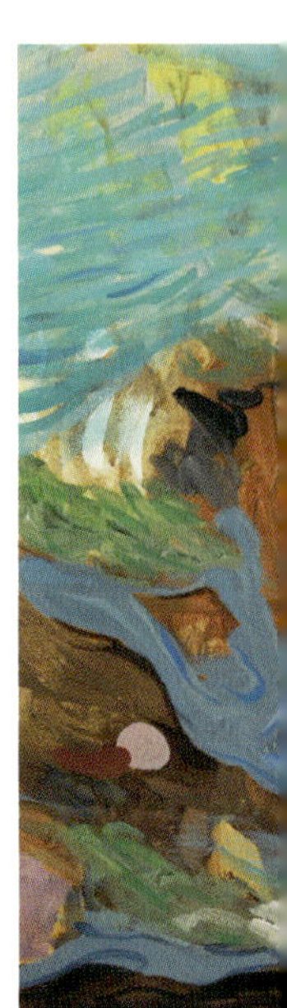

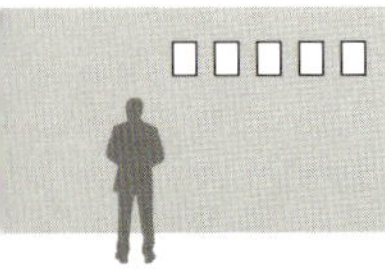

v. l. n. r. **Concent** 2007, Acryl auf Leinwand, 40 x 30 cm **Condeo** 2007, Acryl auf Leinwand, 40 x 30 cm **Conadd** 2007, Acryl auf Leinwand, 40 x 30 cm **Conpulli** 2007, Acryl auf Leinwand, 40 x 30 cm **Content** 2007, Acryl auf Leinwand, 40 x 30 cm

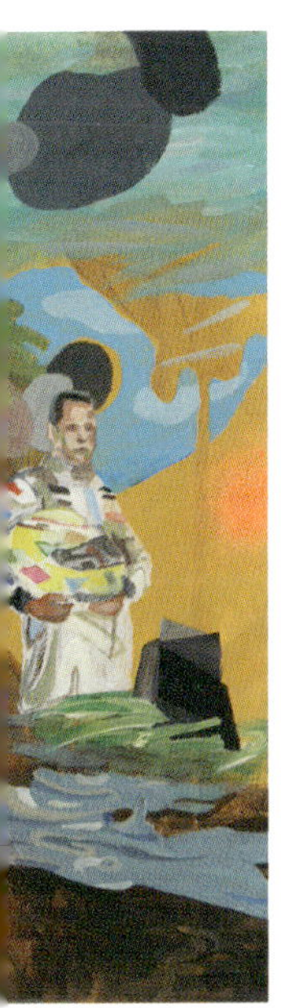

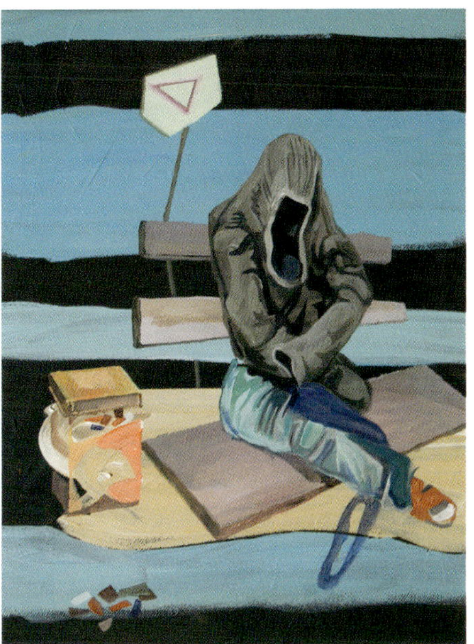

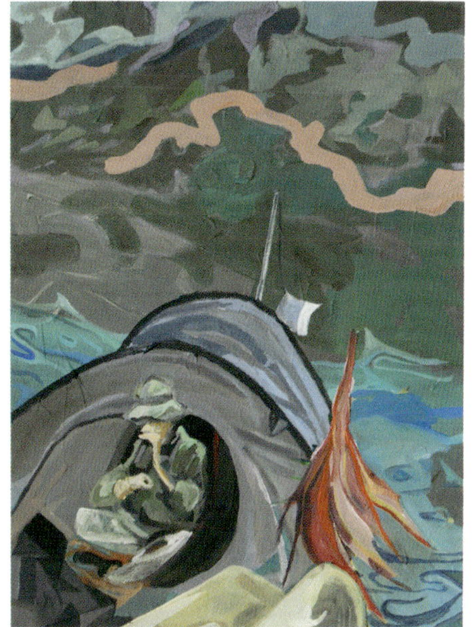

B Aumann 2008, Mischtechnik auf Leinwand, 110 x 90 cm

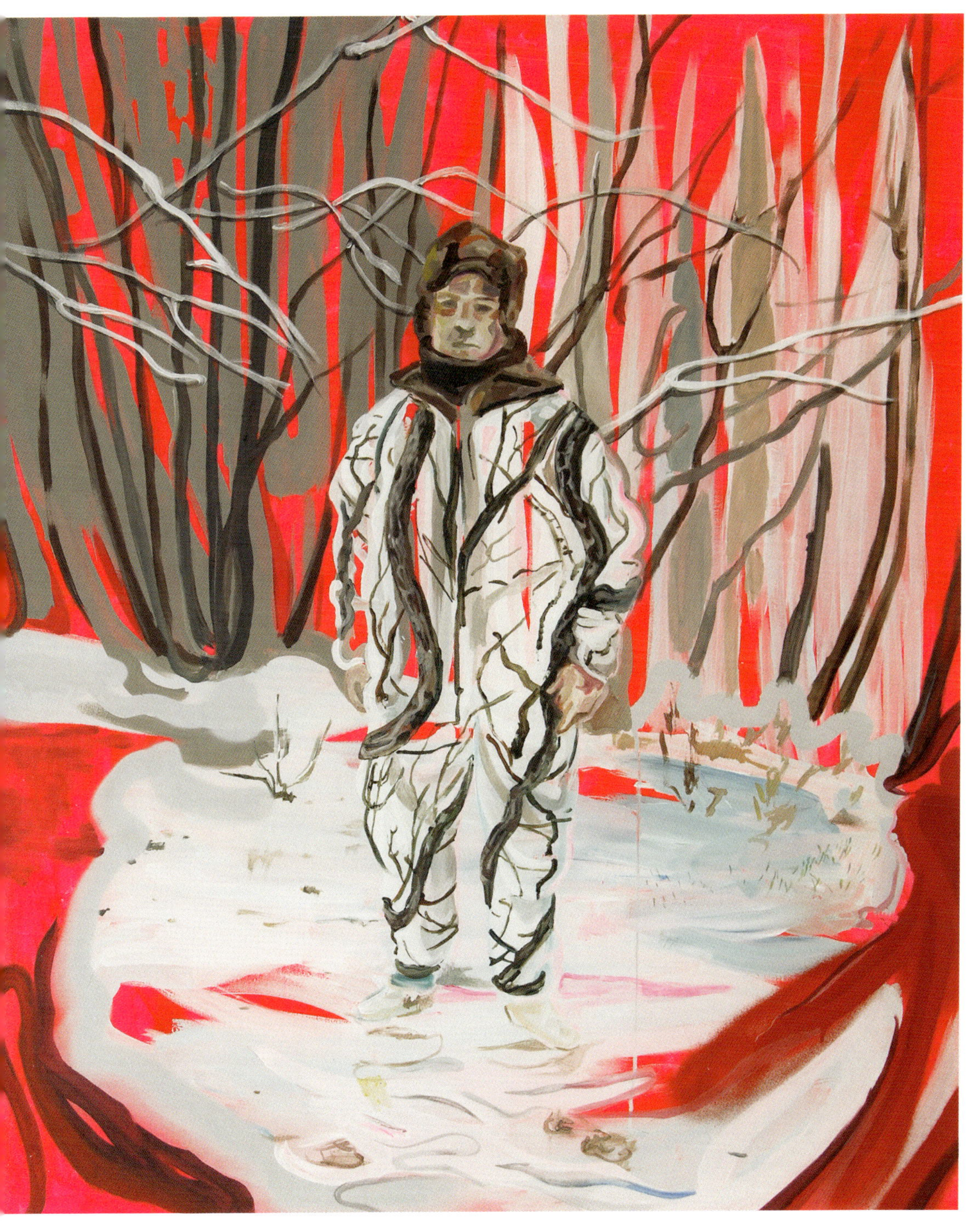

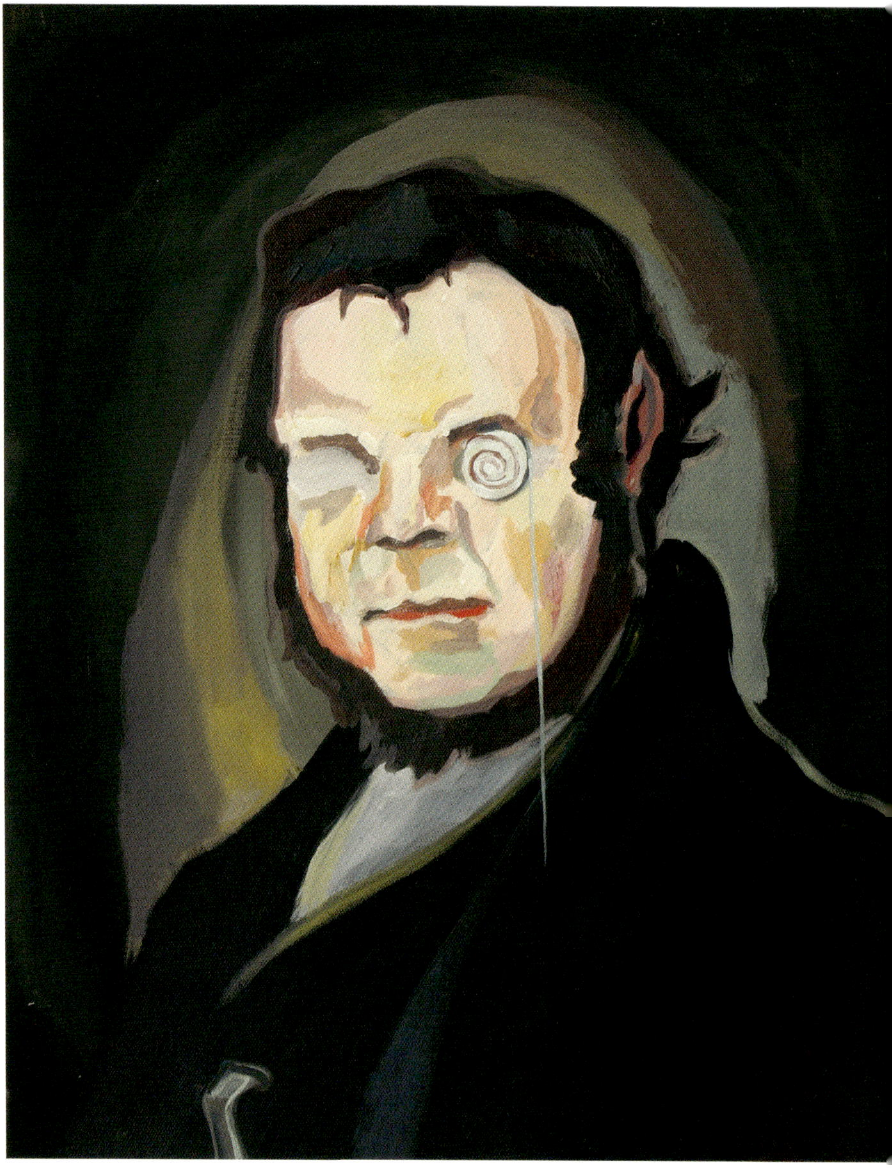

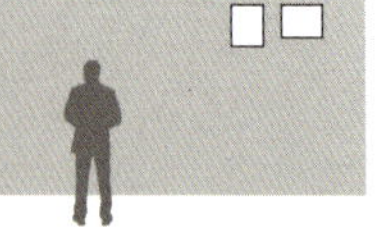

v. l. n. r. **No Rauch** 2007, Acryl auf Leinwand, 50 x 40 cm
Munchy 2008, Acryl auf Leinwand, 40 x 50 cm

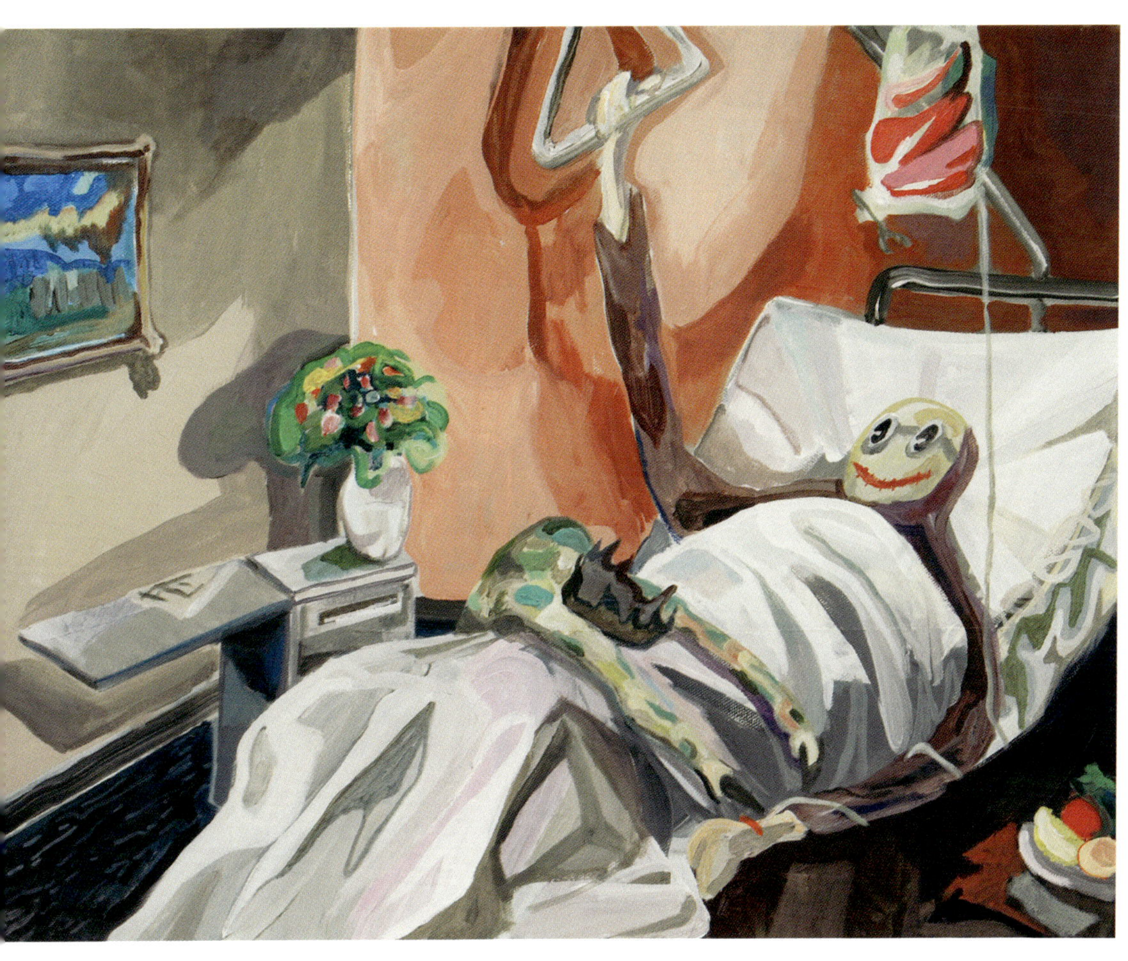

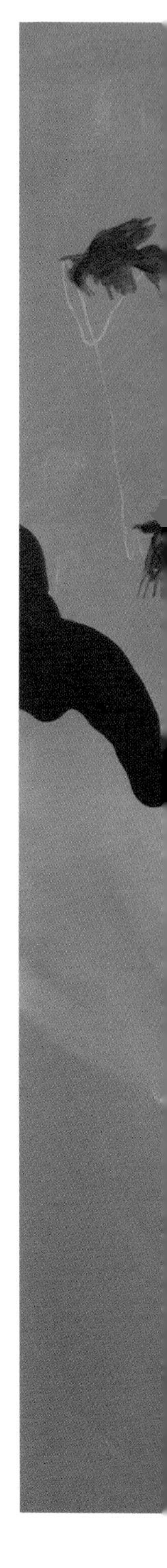

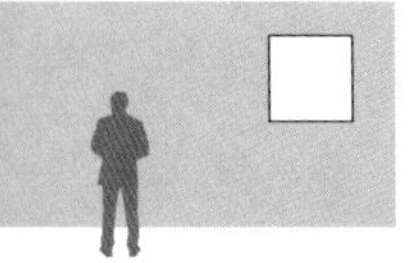

Winterview 2007, Acryl auf Leinwand, 100 x 100 cm

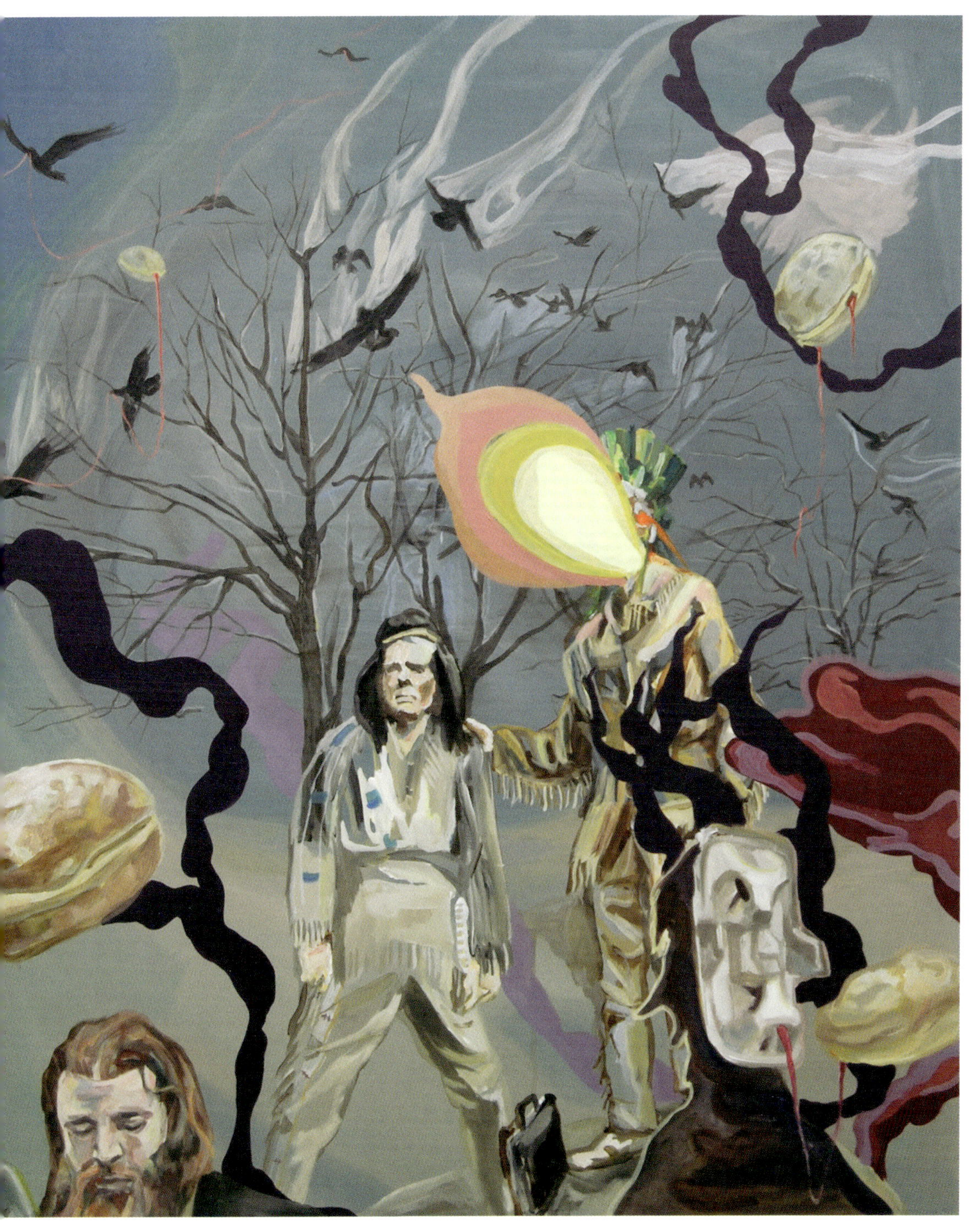

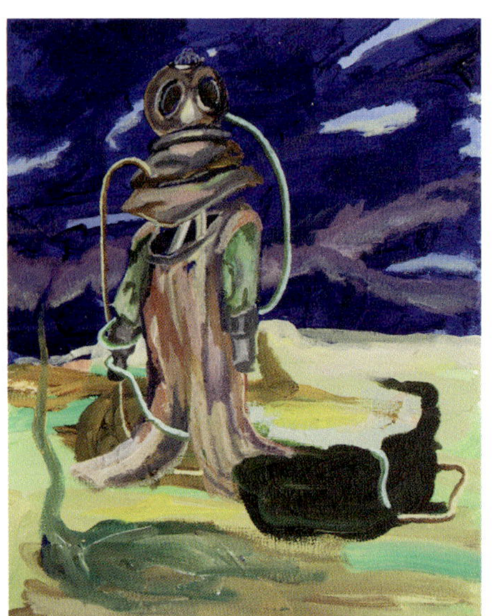

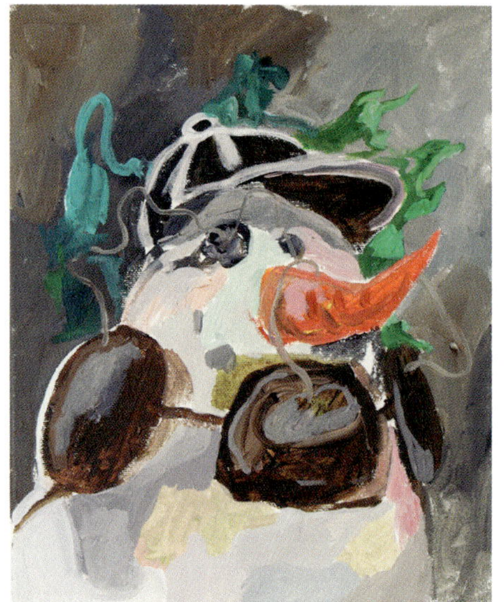

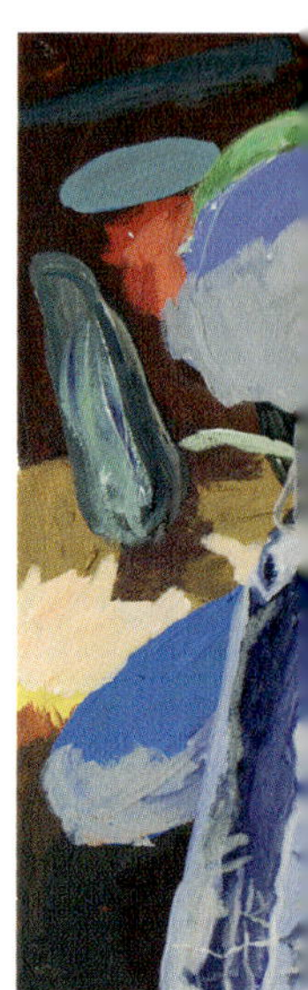

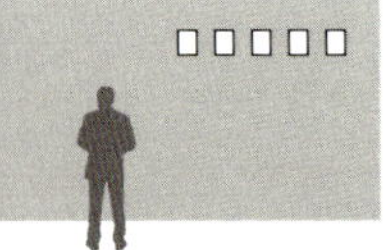

v.l.n.r. **Substan** 2006, Acryl auf Leinwand, 30 x 24 cm **Rübe** 2006, Acryl auf Leinwand, 30 x 24 cm **Boxac** 2006, Acryl auf Leinwand, 30 x 24 cm **Kronzeug II** 2006, Acryl auf Leinwand, 30 x 24 cm **Pilzen** 2006, Acryl auf Leinwand, 30 x 24 cm

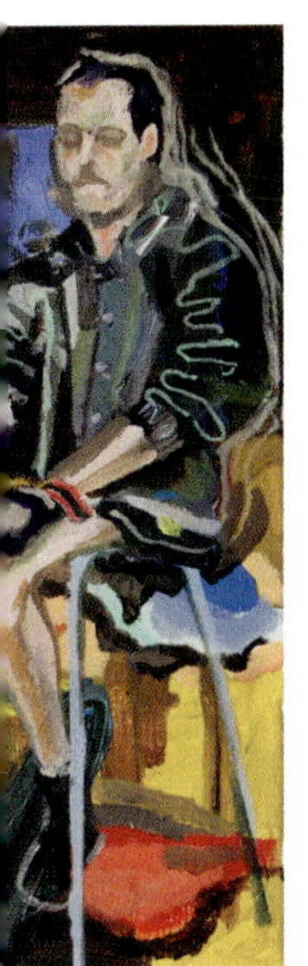

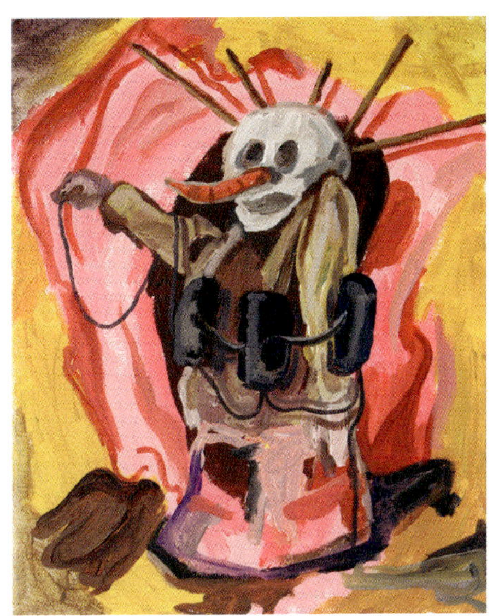

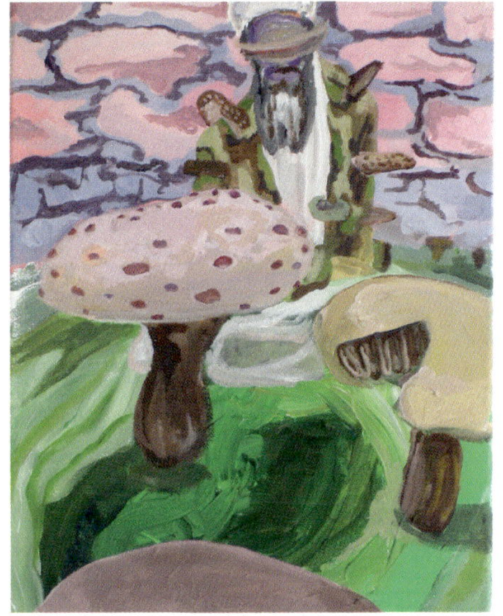

Team Exclursion 2007, Mischtechnik auf Leinwand, 150 x 100 cm

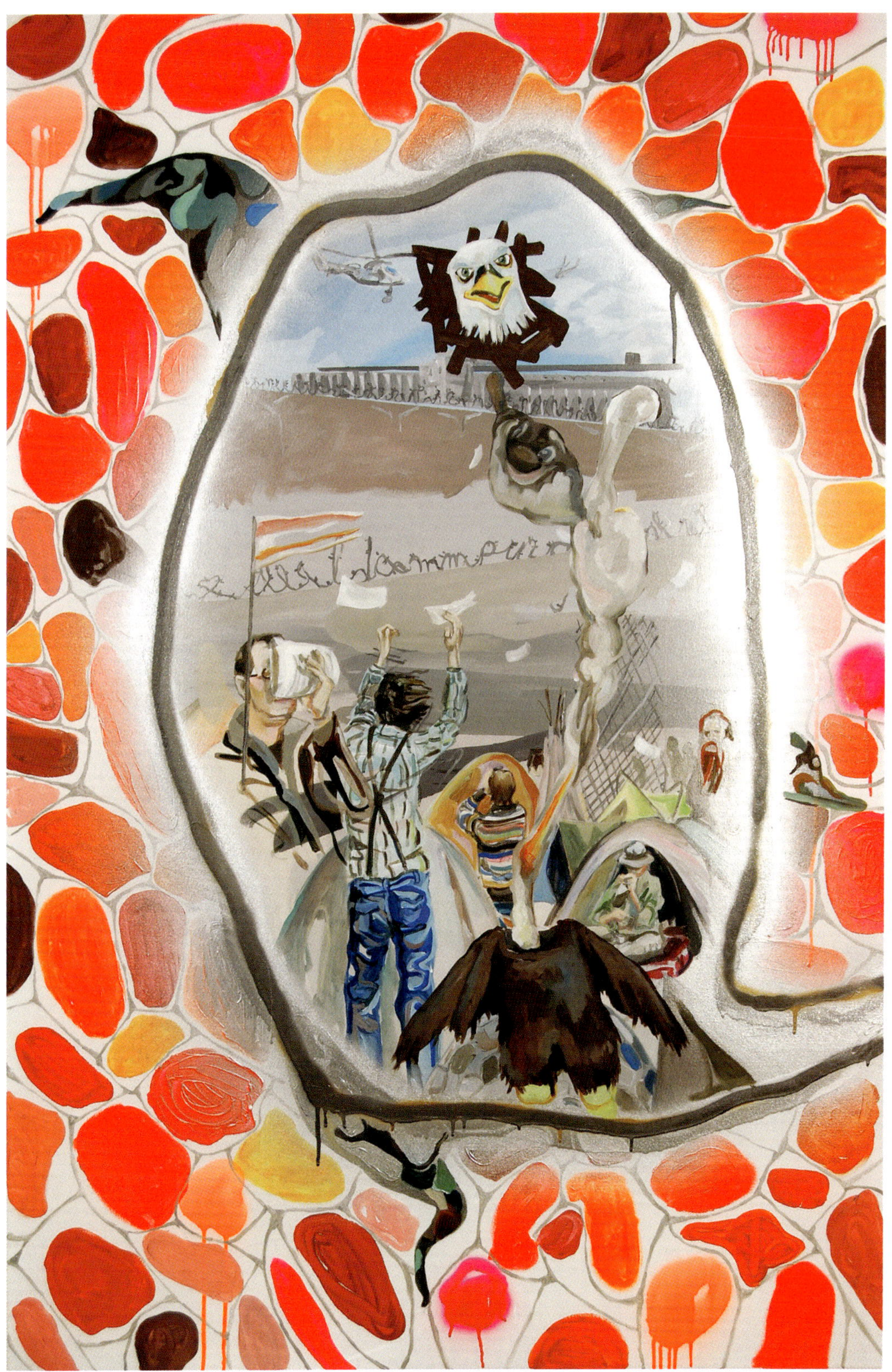

Tilla 2008, Mischtechnik auf Leinwand, 60 x 50 cm

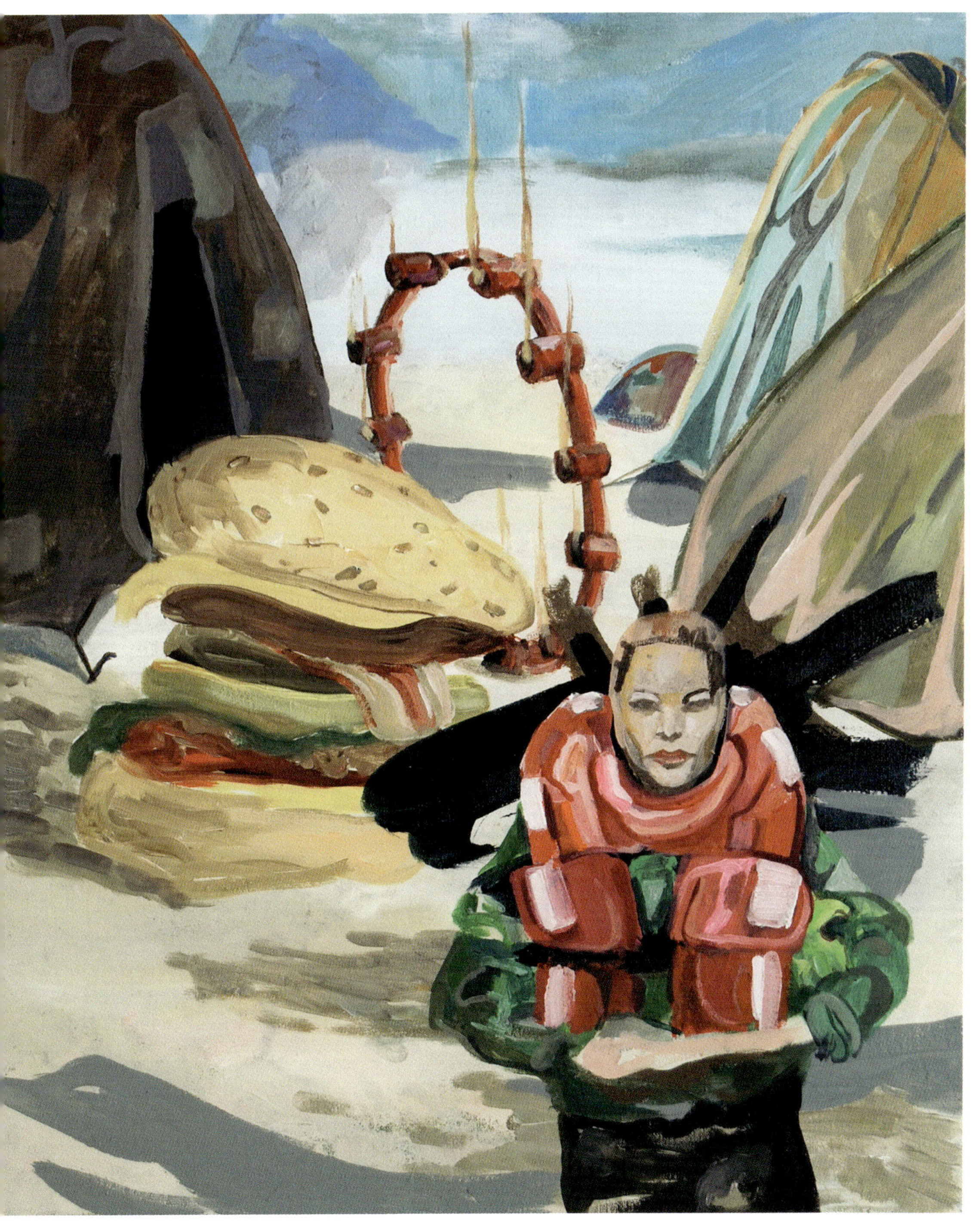

Pots 2008, Mischtechnik auf Leinwand, 160 x 120 cm

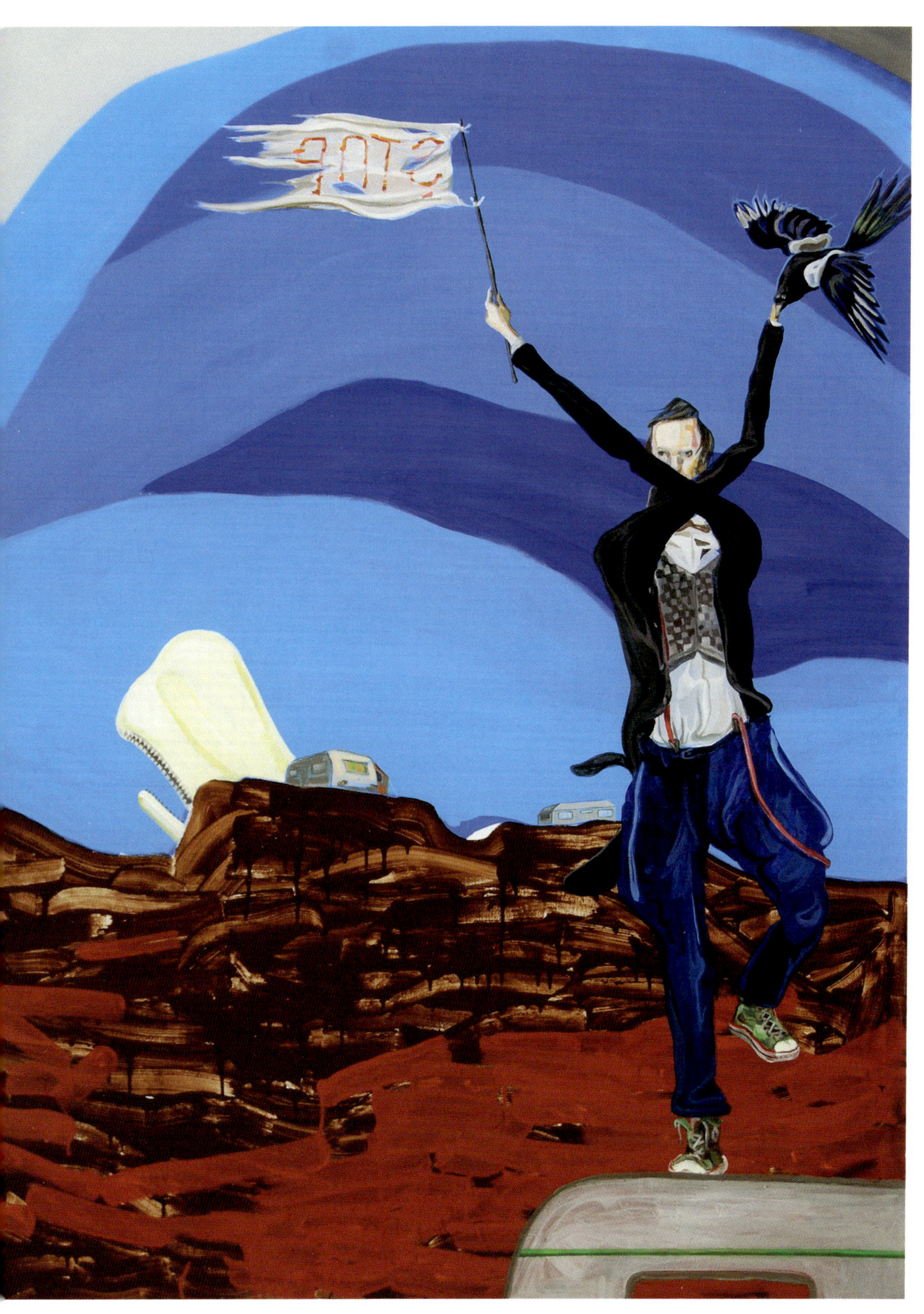
STOP

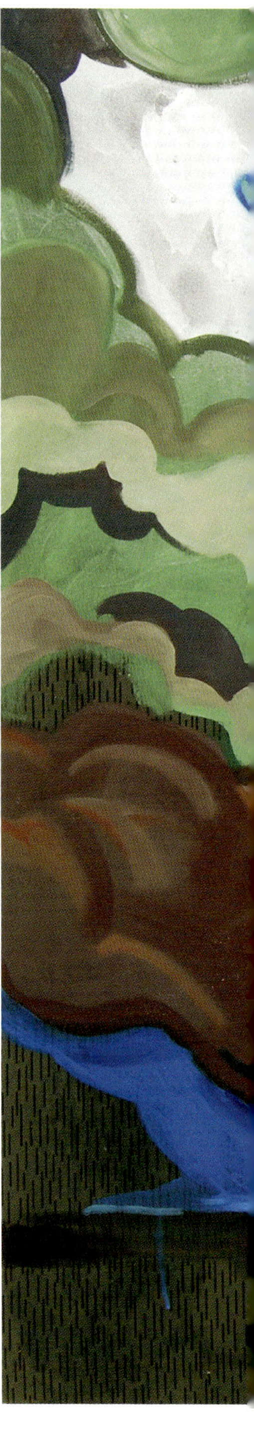

Gardeparty 2008, Mischtechnik auf Zelt, 110 x 120 cm

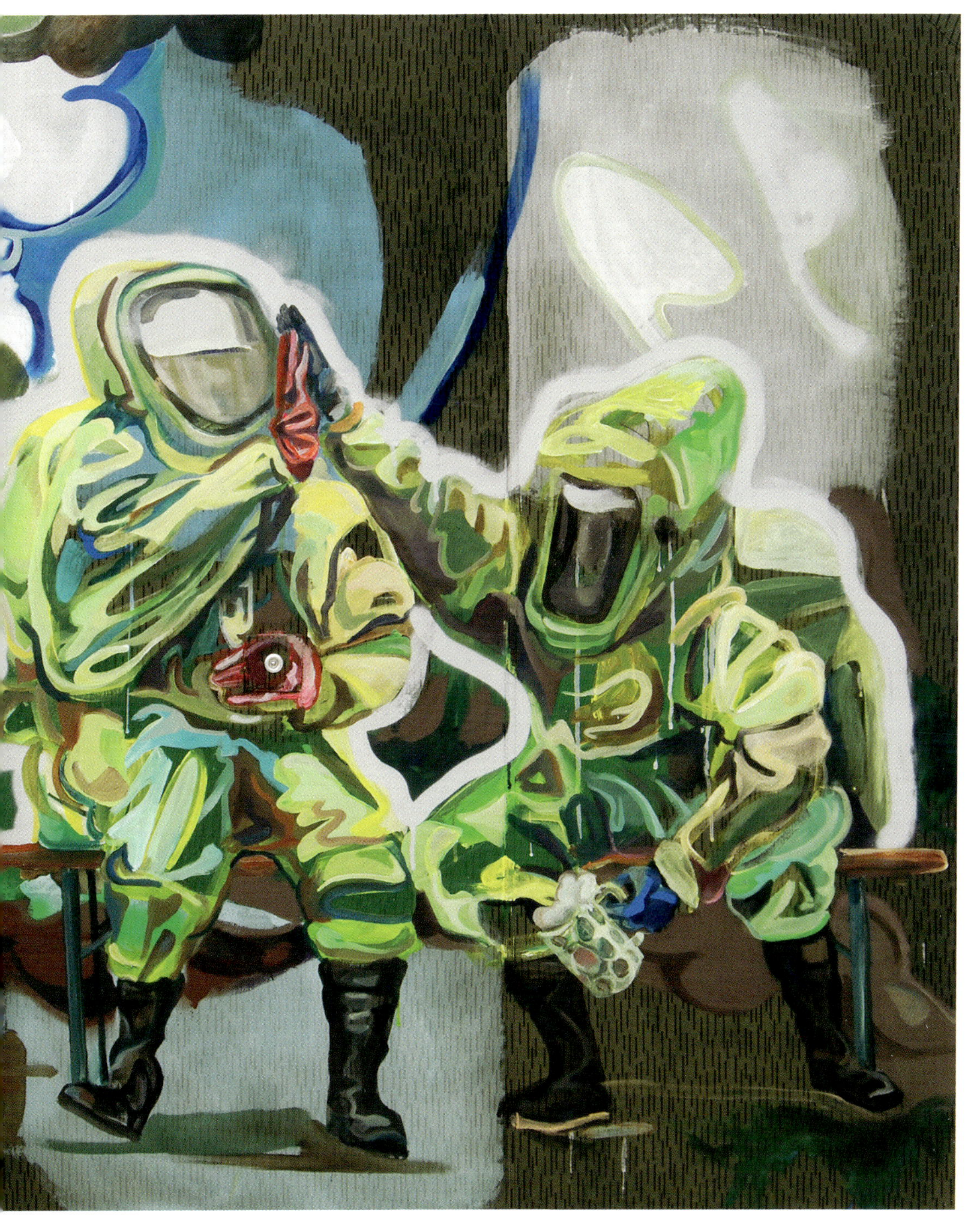

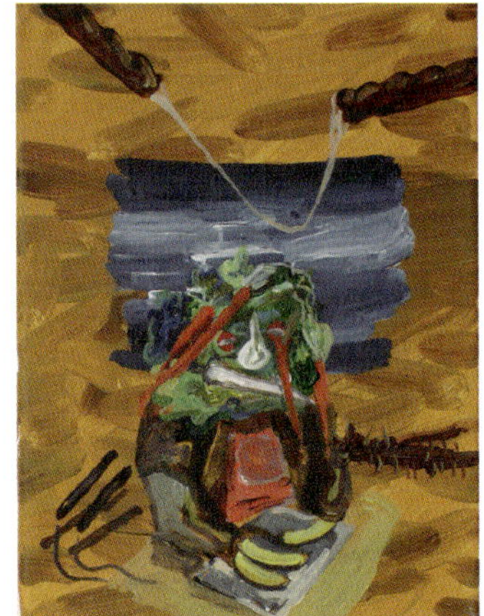
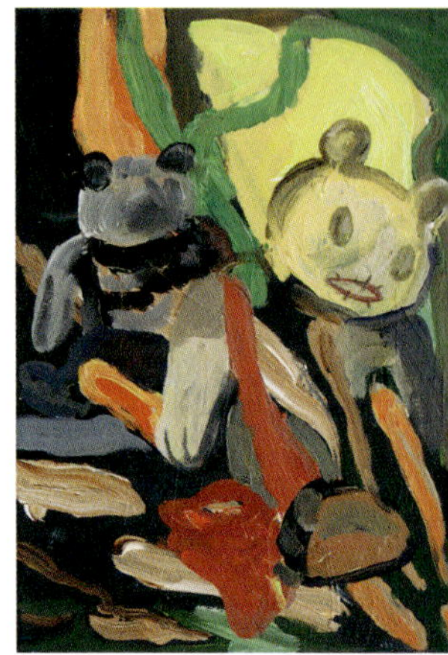
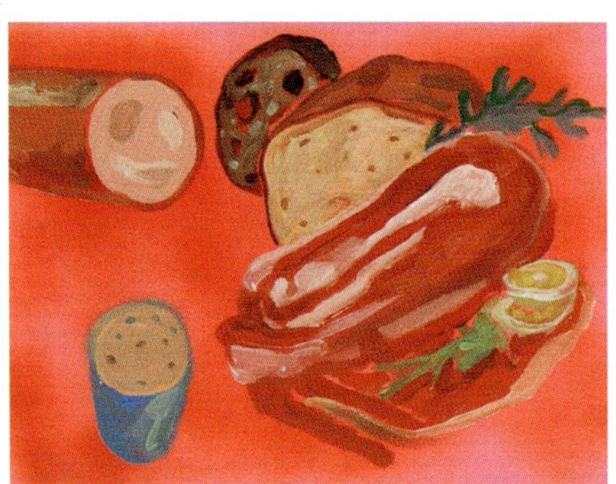
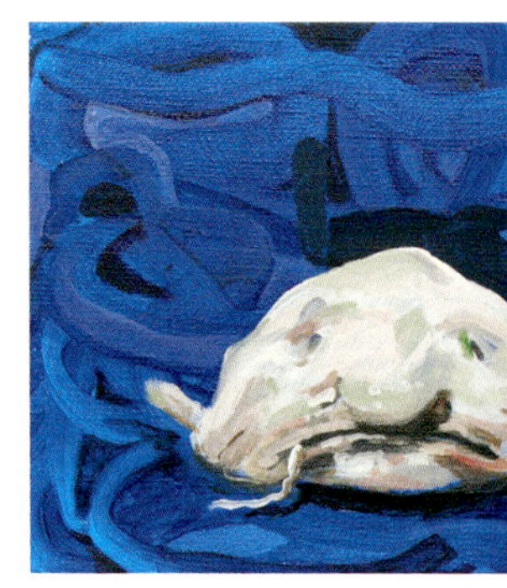

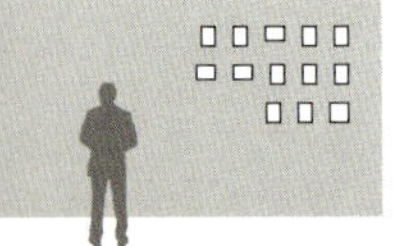

v.l.n.r. **Herrlitz, Bear 1 - 4, Hacks, Slupf, Biologis, Othe, Lexs, Moin, Winn** alle 24 x 18 cm
Gugug 20 x 20 cm, Mischtechnik auf Leinwand, 2007

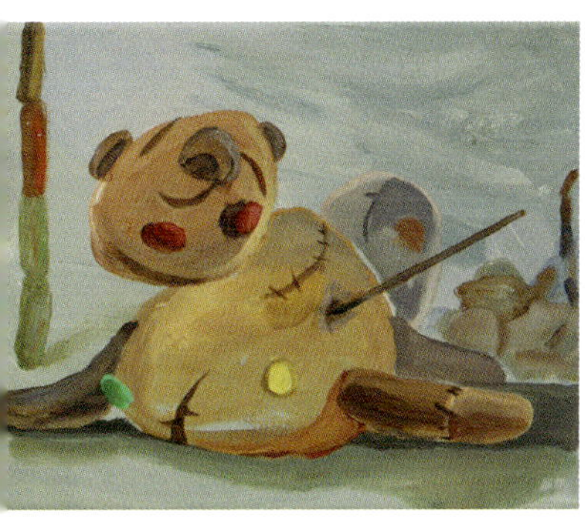

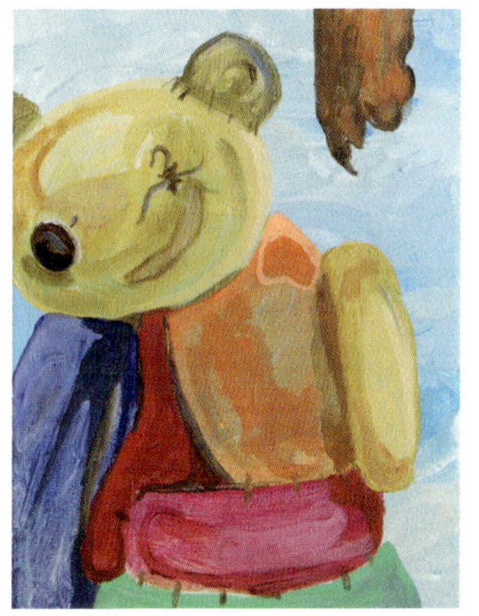

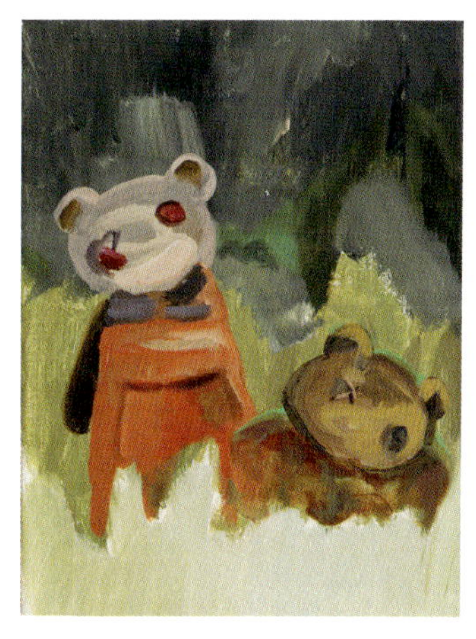

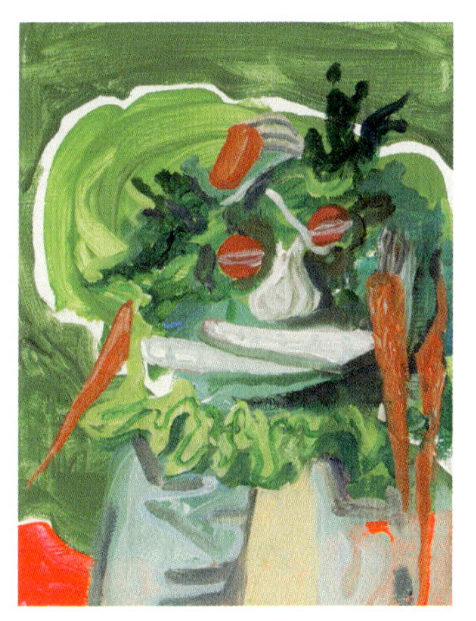

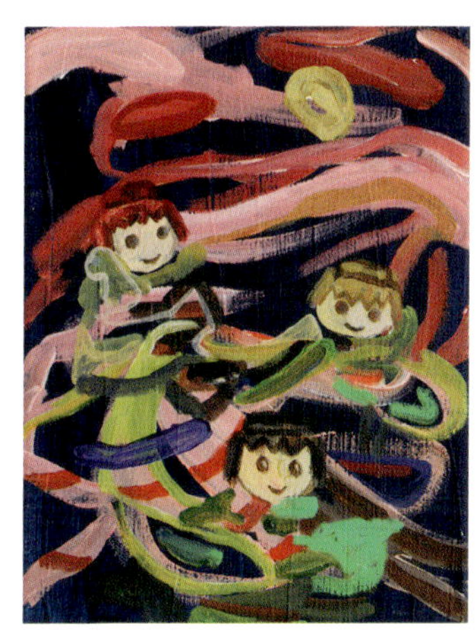

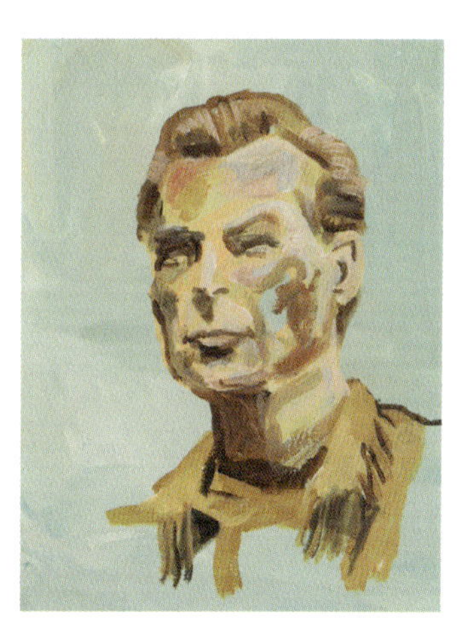

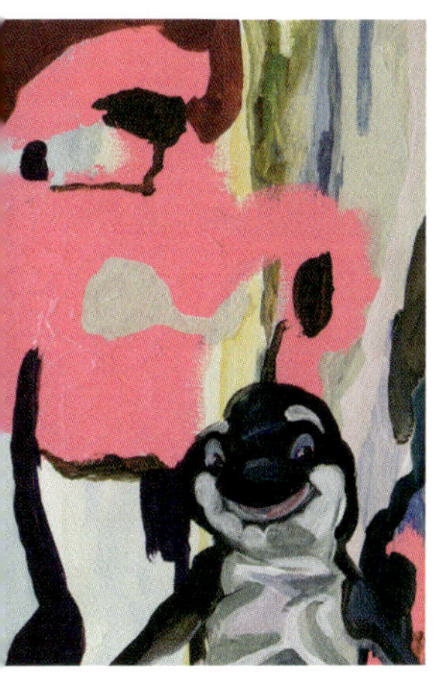

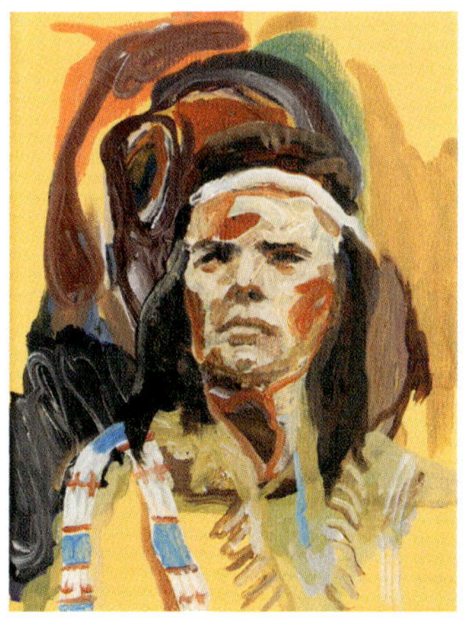

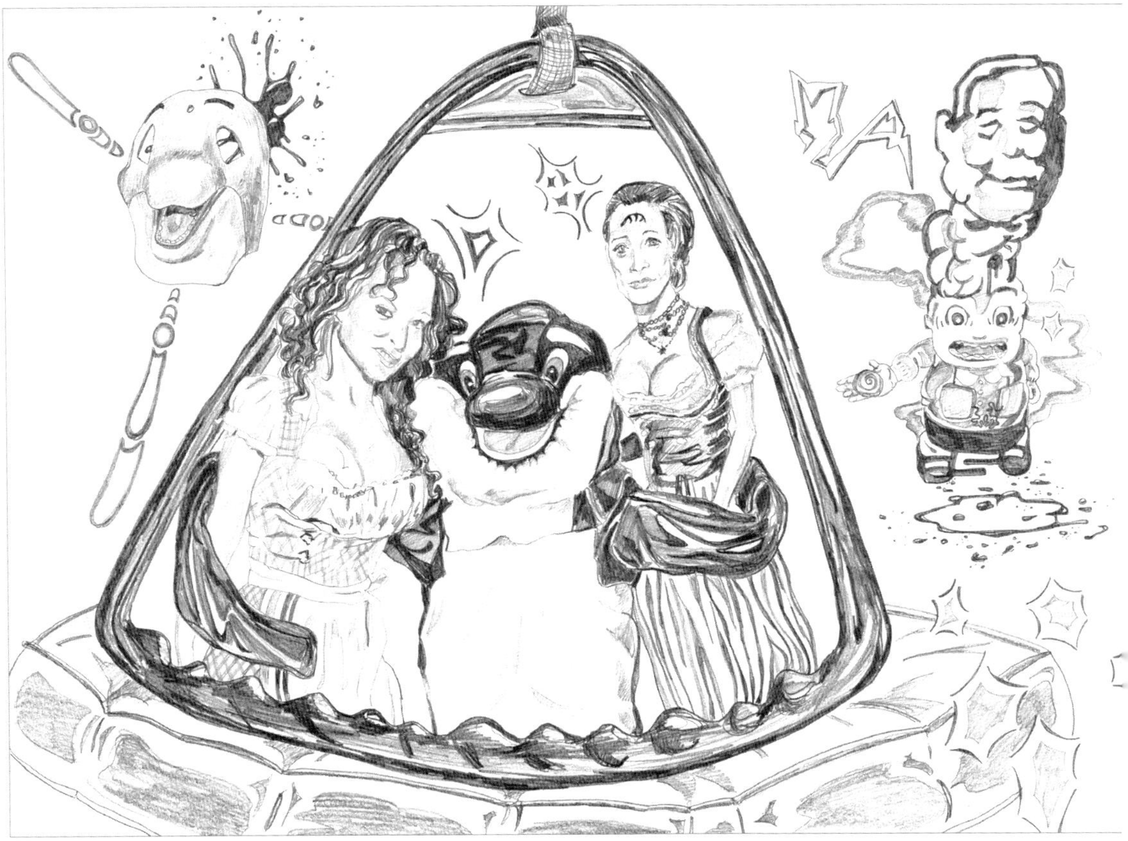

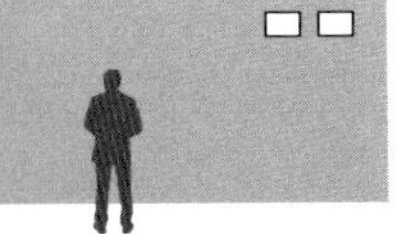

v.l.n.r. **Slampen** 2007, Bleistift auf Papier, 29,7 x 42 cm

Bockblock 2008, Bleistift auf Papier, 29,7 x 42 cm

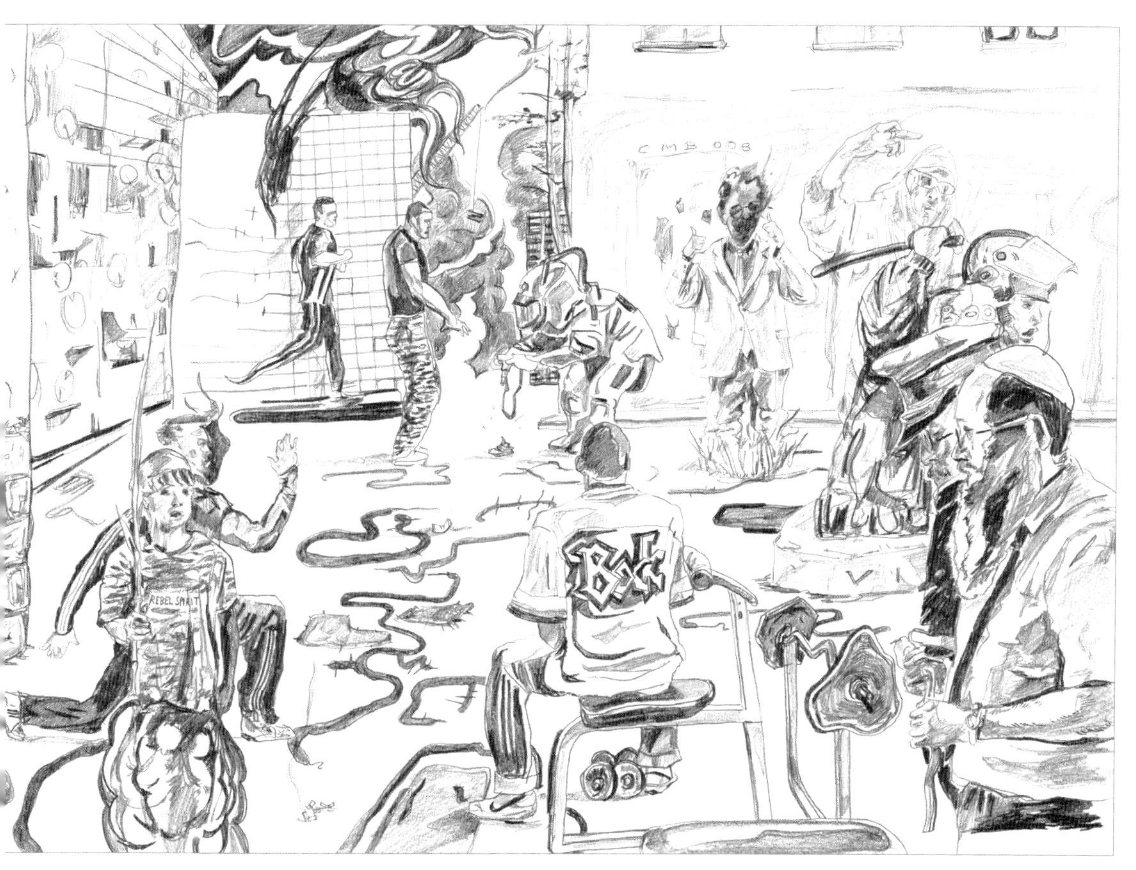
CMB 008
REBEL SPIRIT

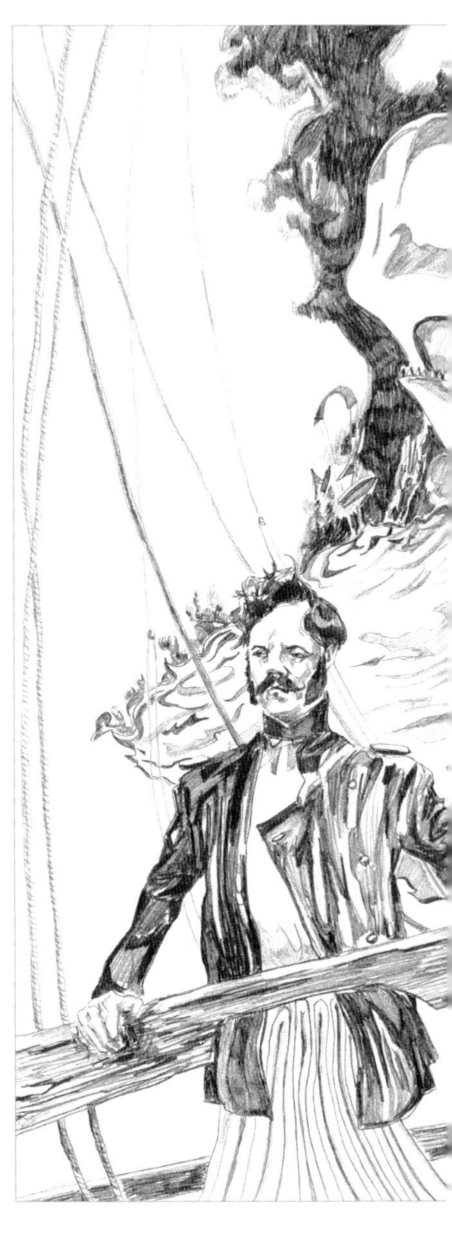

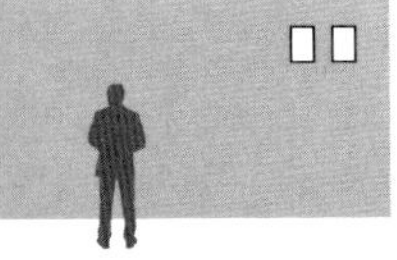

v. l. n. r. **Lobby Dick** 2008, Bleistift auf Papier, 42 x 29,7 cm
Umpfdumpf 2007, Bleistift auf Papier, 42 x 29,7 cm

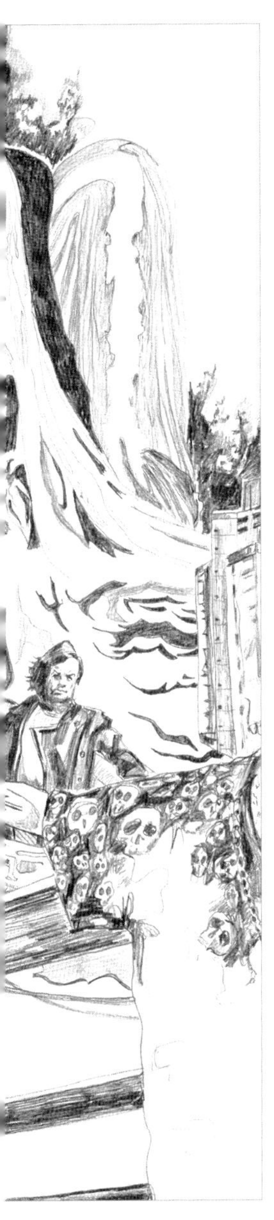

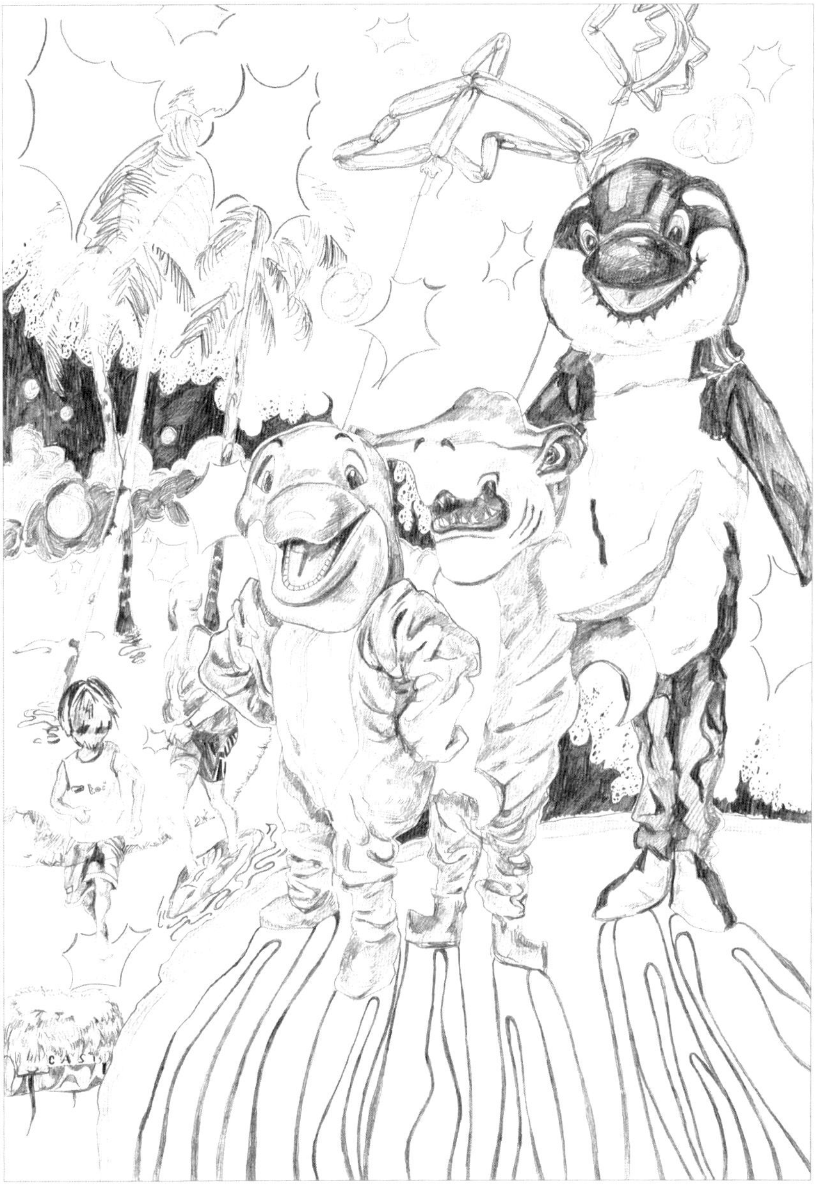

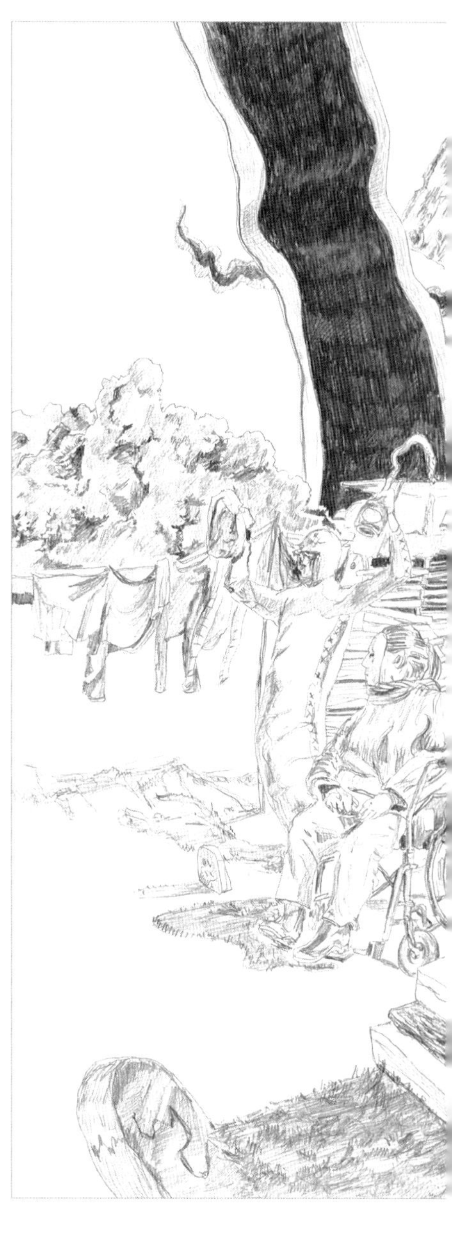

v.l.n.r. **dsf** 2007, Bleistift auf Papier, 42 x 29,7 cm
Bannken 2007, Bleistift auf Papier, 42 x 29,7 cm

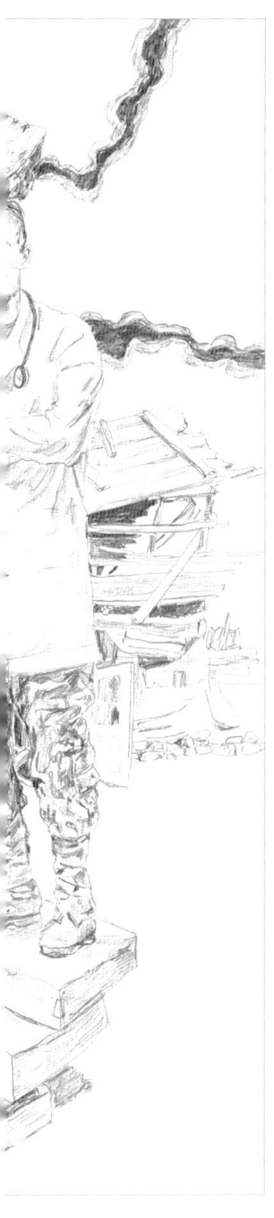

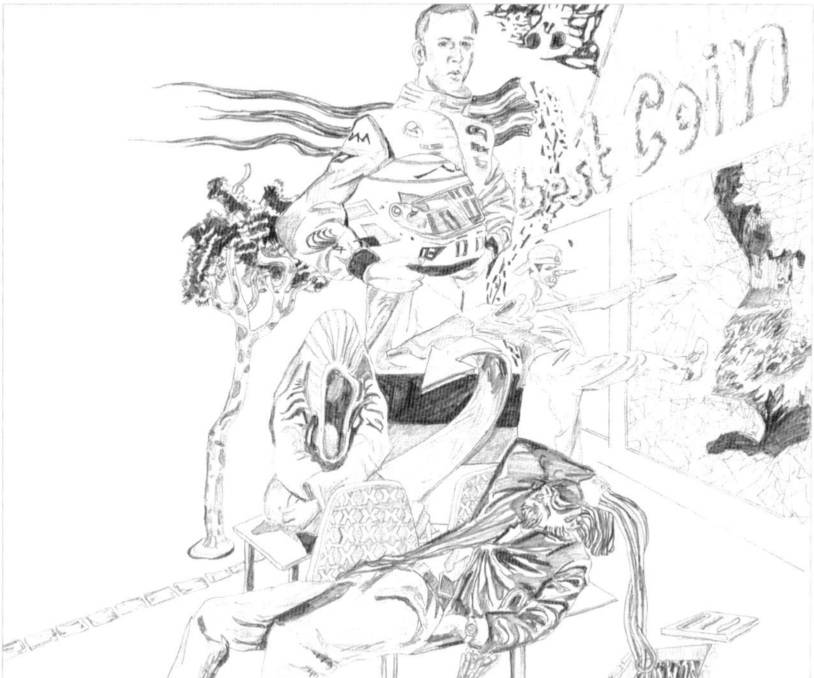

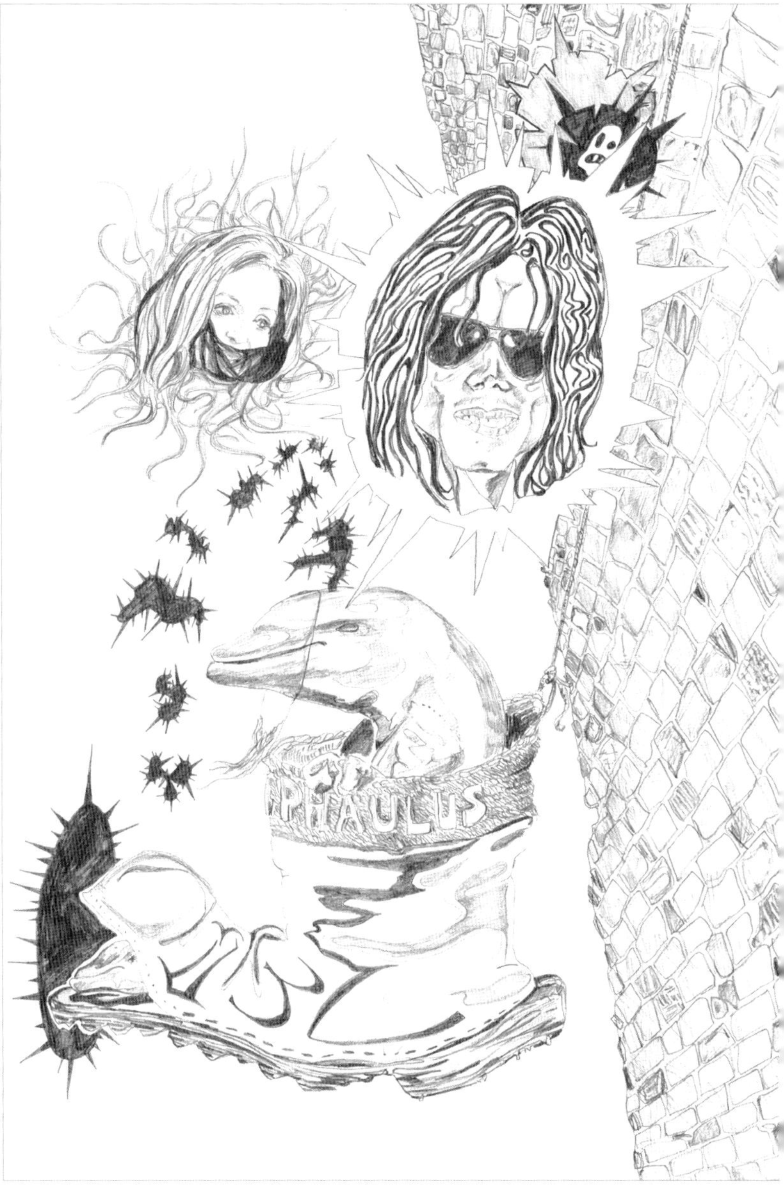

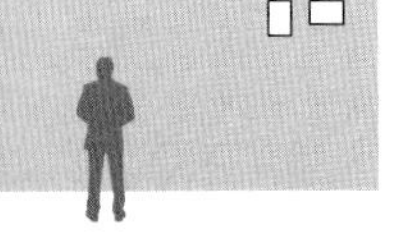

v.l.n.r. **Demaskus** 2007, Bleistift auf Papier, 42 x 29,7 cm
Massrierung 2007, Bleistift auf Papier, 29,7 x 42 cm

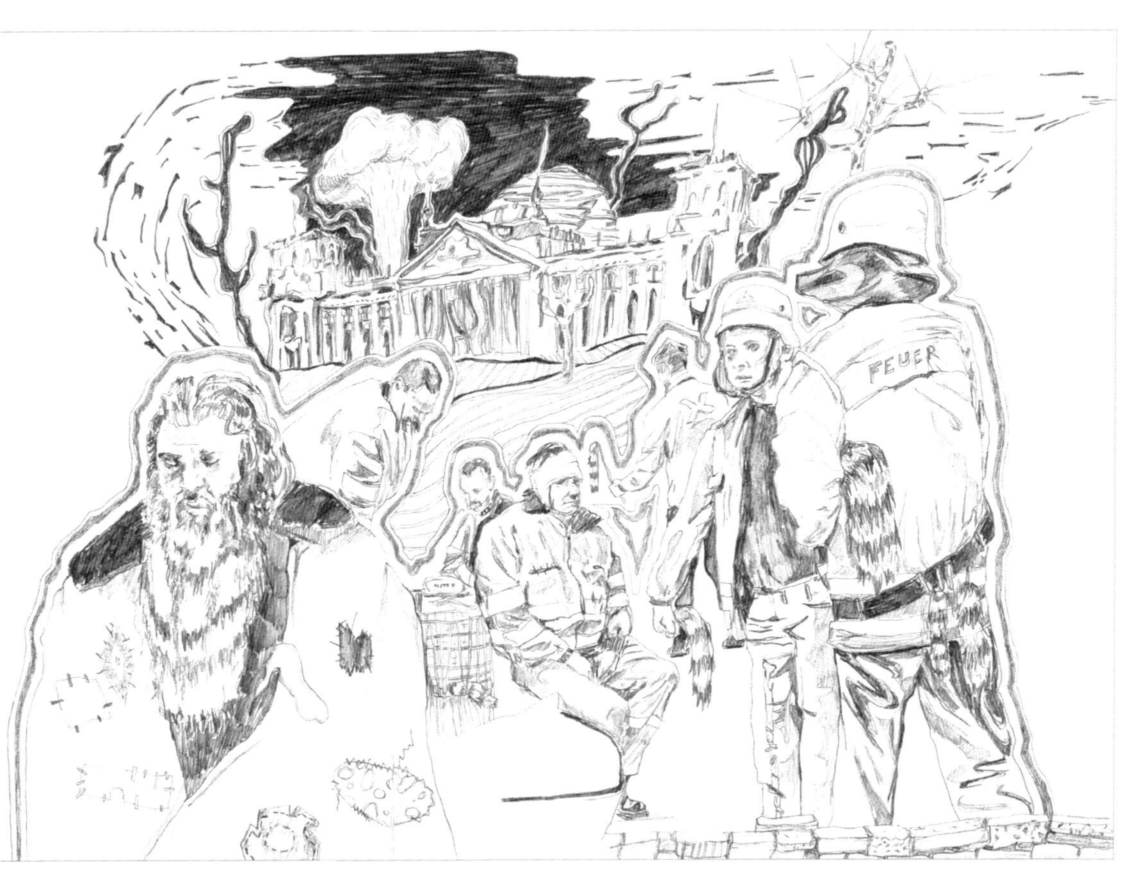
FEUER

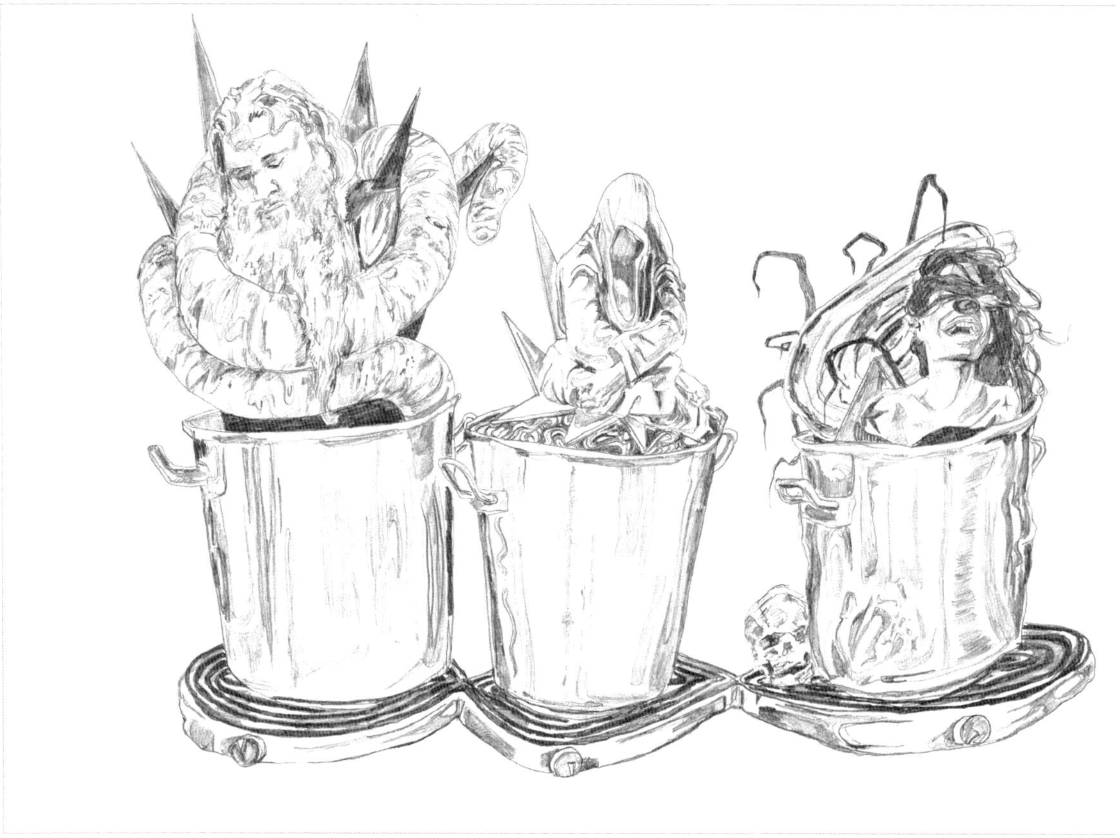

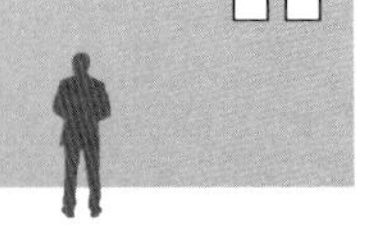

v.l.n.r. **Supen** 2007, Bleistift auf Papier, 29,7 x 42 cm
Dammping 2007, Bleistift auf Papier, 29,7 x 42 cm

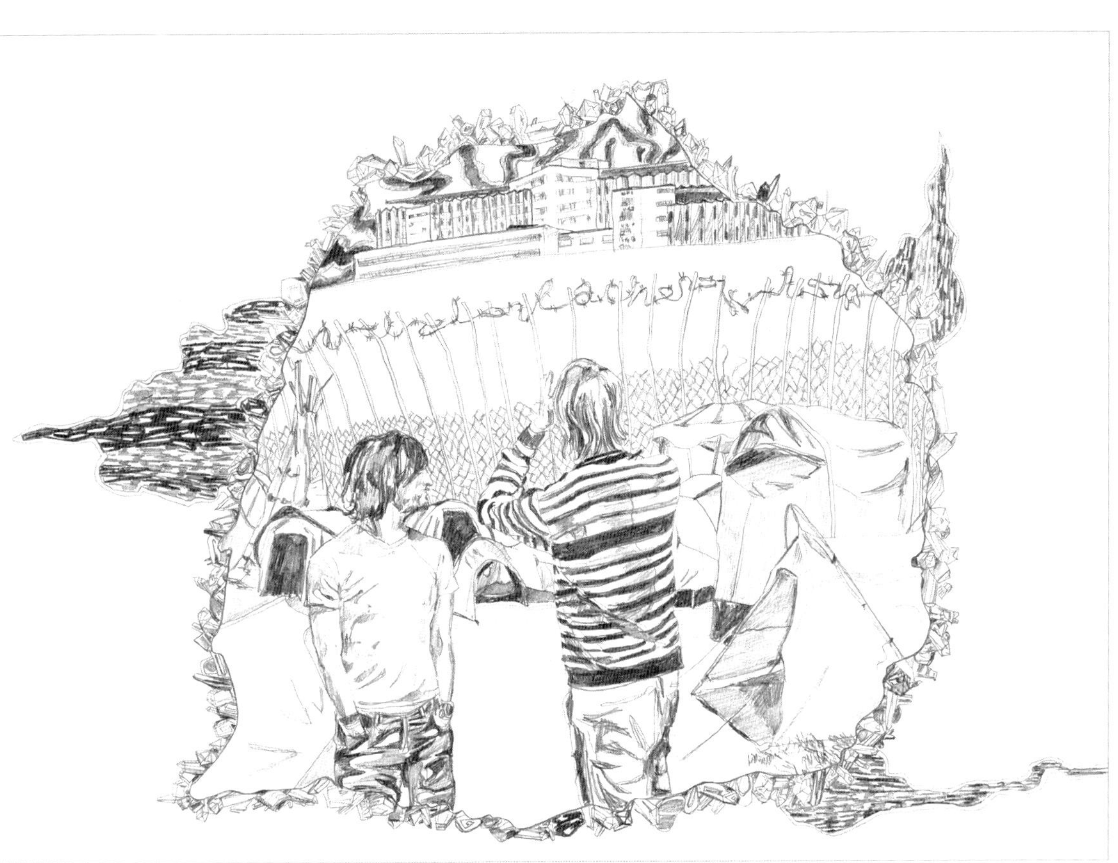

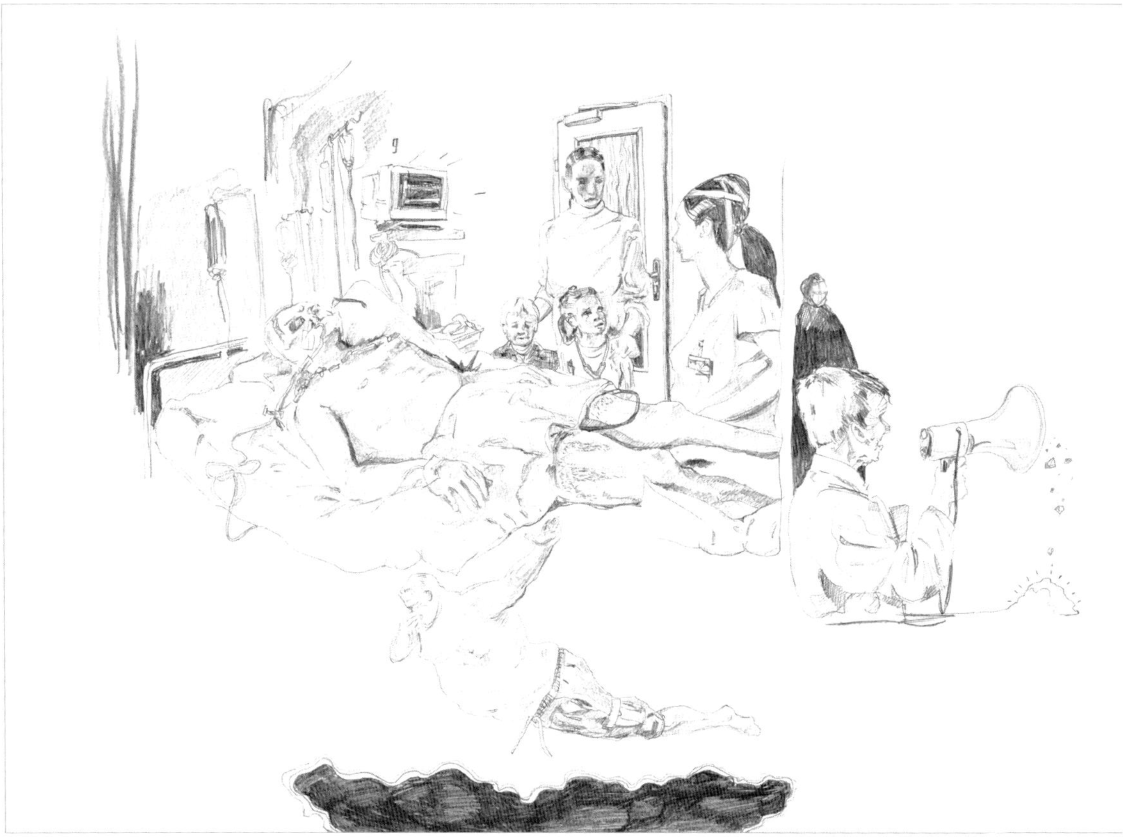

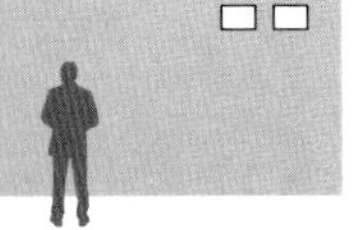

v.l.n.r. **Triumph des Tillens** 2008, Bleistift auf Papier, 29,7 x 42 cm
Justits 2007, Bleistift auf Papier, 29,7 x 42 cm

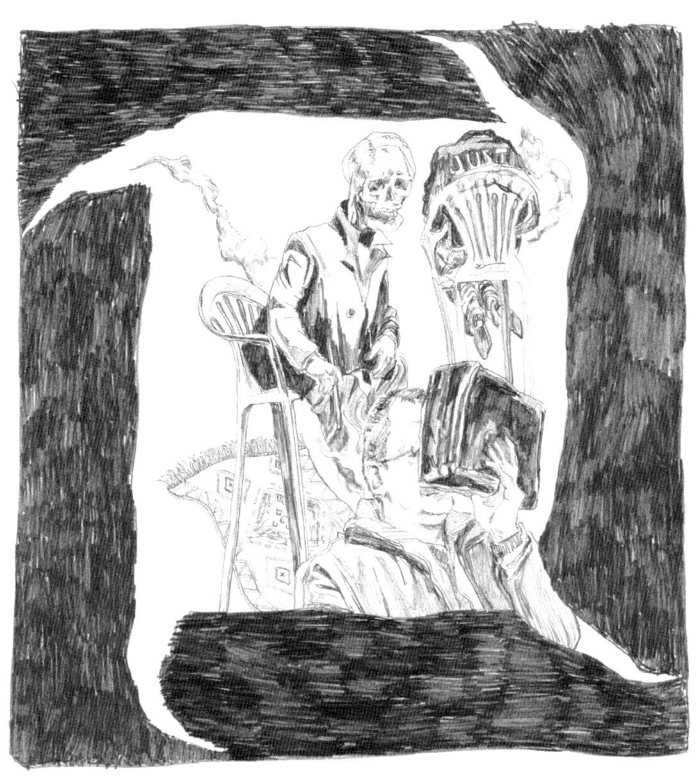

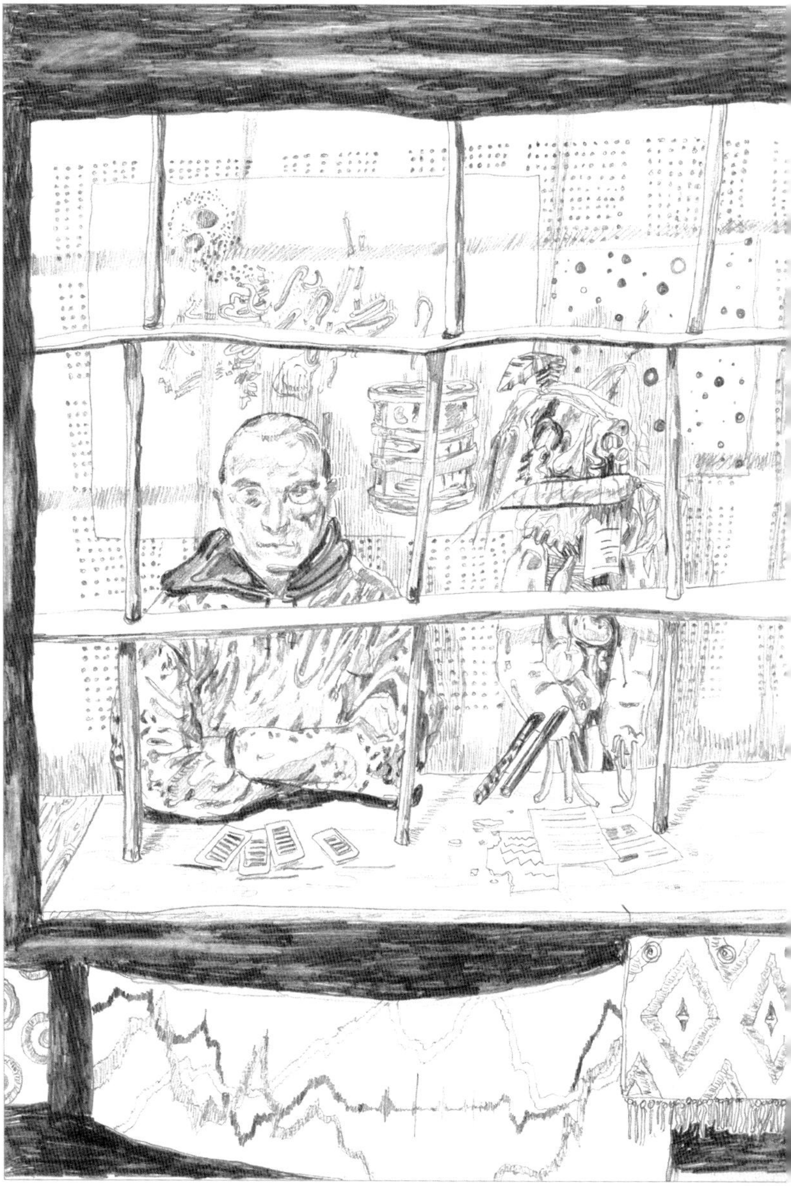

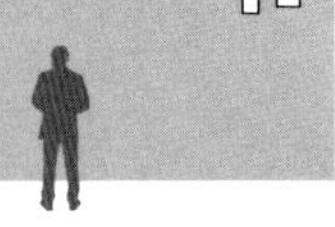

v.l.n.r. **Rufmo** 2007, Bleistift auf Papier, 29,7 x 21 cm
Üngüt 2007, Bleistift auf Papier, 21 x 29,7 cm

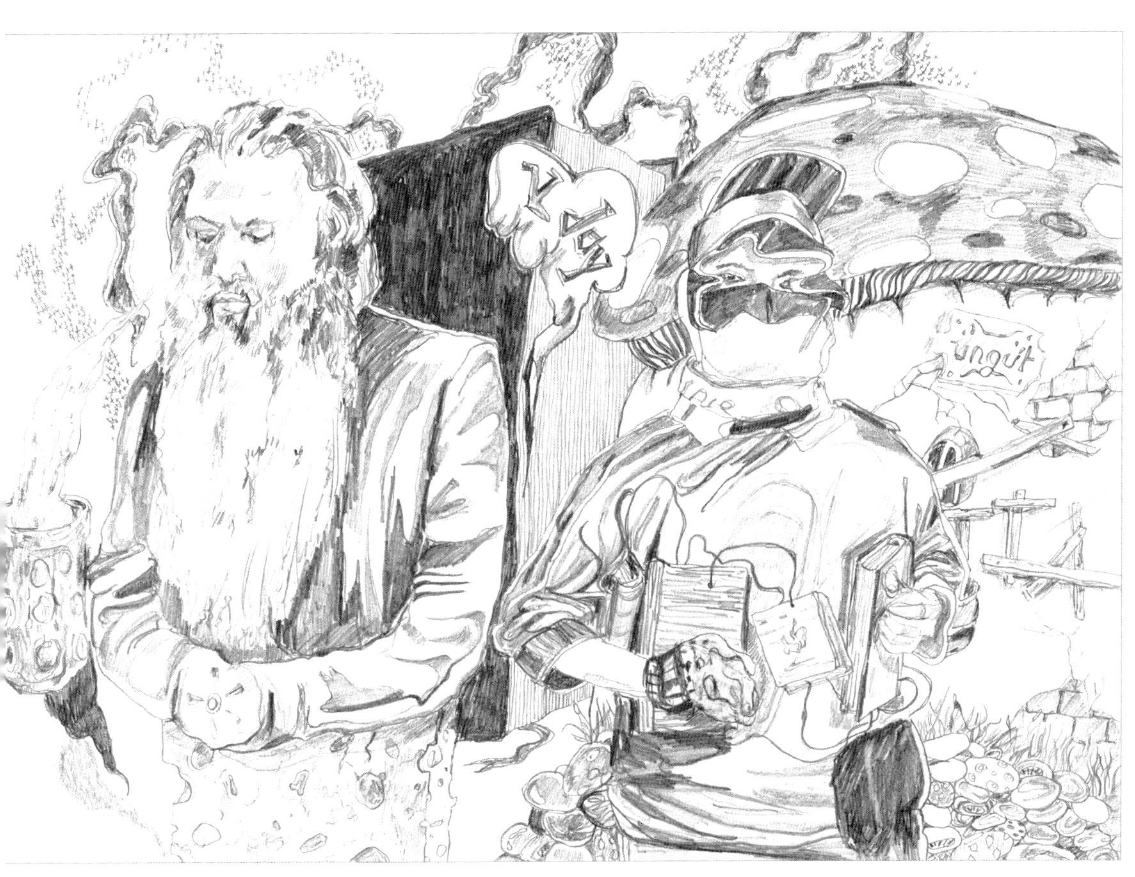
ungut

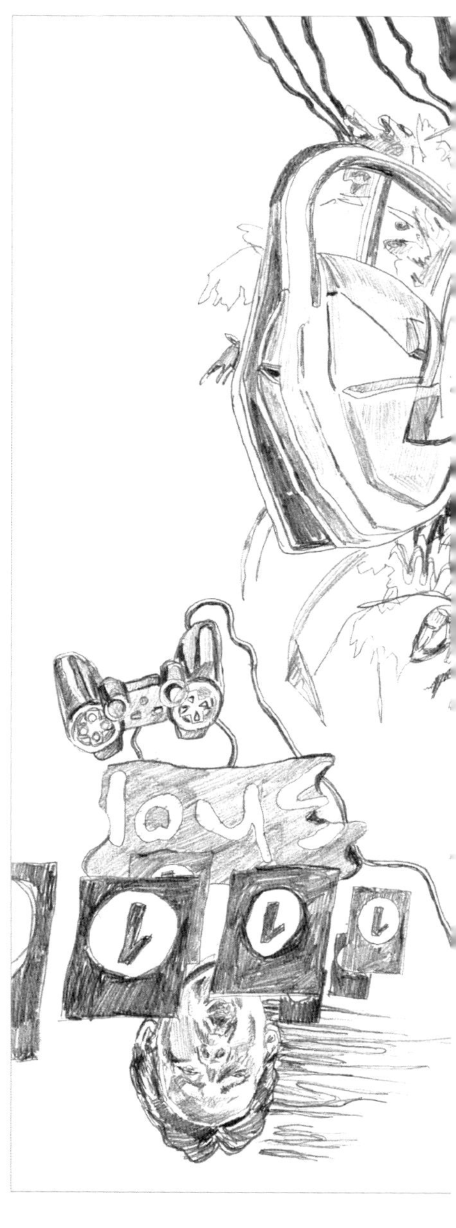

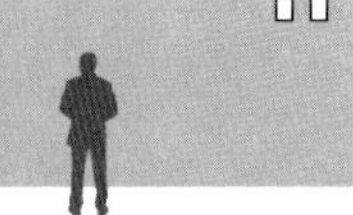

v.l.n.r. **111** 2007, Bleistift auf Papier, 29,7 x 21 cm
Hui 2007, Bleistift auf Papier, 29,7 x 21 cm

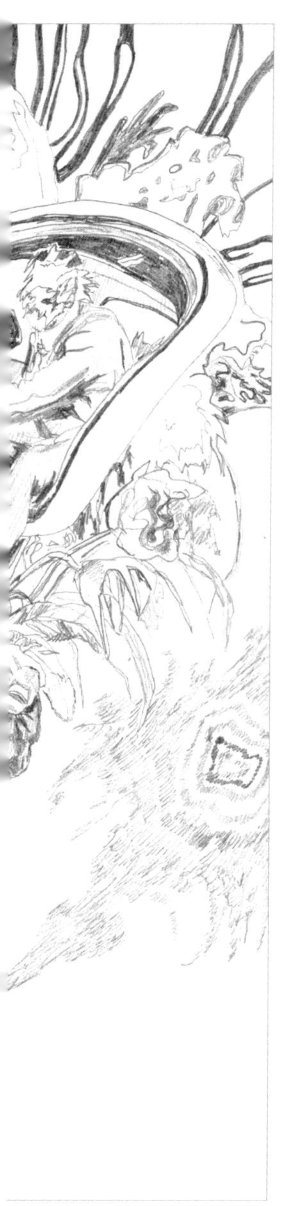

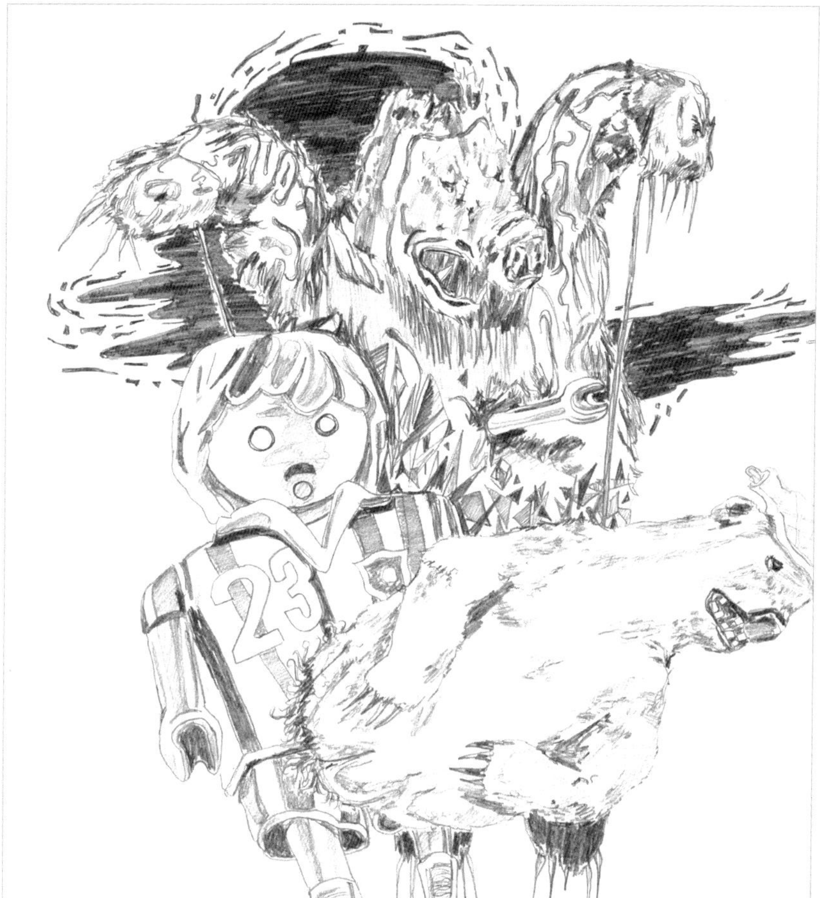

Wolfgang Neumann

1977
geboren _ born in Filderstadt

1998 - 2004
Studium an der _ study at the Staatliche Akademie der Bildenden Künste Stuttgart
lebt und arbeitet in/um Stuttgart _ lives and works in/nearby Stuttgart

www.wolfgangneumann.com

Publikationen _ Publications

Links zu Fabian
36 Seiten, Stuttgart 2001

Kugelsicher
64 Seiten, Ludwigsburg 2004

WANWIZ
64 Seiten, dt./engl., Kerber-Verlag Bielefeld - Leipzig, 2006, ISBN 978-3-86678-037-8

GosNeu
Bärendienst, 20 Seiten, Ludwigsburg 2007

Galerie_ Gallery

www.kunst-raum.net

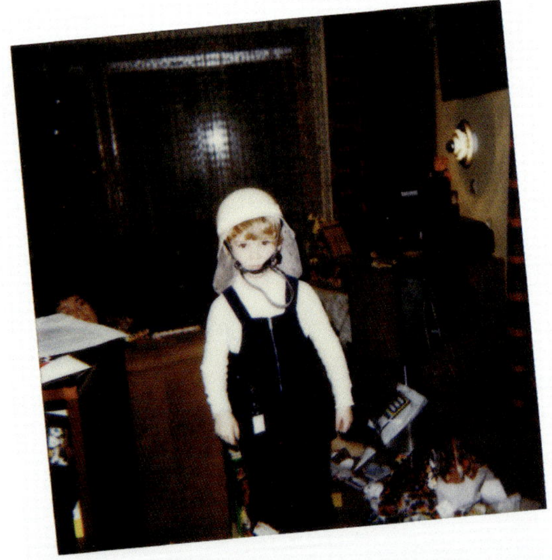

Ausstellungen (Auswahl) _ Exhibitions (Selection)

2008

Dauerwelle SWR-Galerie, Stuttgart **[EA]** _ **zerklärungsbedürftig** Junge Kunst, Trier **[EA]** _ **mittelbemindert** Städtische Galerie Ostfildern **[EA][K]**

2007

Exclursion Galerie Stefan Denninger, Berlin **[EA]** _ **Index_07** kunst-raum, Essen _ **Was kommt – was geht II** Projektraum Knut Osper, Köln _ **Du liebes Tier** kunst-raum, Essen _ **Andere Ebenen** Projektraum Knut Osper, Köln _ **Kollateralschaden (GosNeu)** Ausstellungsraum Balken, Frankfurt a.M. _ **Bärendienst (GosNeu)** Kulturwohnzimmer Ludwigsburg **[EA][K]** _ **Dialoge** Galerie Schlichtenmaier, Schloss Dätzingen, Grafenau _ **Wenn das keine Stimmung ist** kunst-raum, Essen **[EA]**

2006

Wanwiz Galerie fineArts2219, Stuttgart **[EA][K]** _ **Index_06** kunst-raum, Essen _ **Nogo** Galerie Brötzinger Art, Pforzheim **[EA]** _ **Wolfgang Neumann + Max Diel** Galerie Stefan Denninger, Berlin _ **4 im Kreis** Künstlerbund Baden-Württemberg, Sulz am Neckar **[K]** _ **Refluxzone** Brühler Kunstverein **[EA]**

2005

Die Didaktur Galerie der PH-Ludwigsburg **[EA]** _ **Paint It Loud** Galerie Tedden, Oberhausen **[K]** _ **Humorror** Shedhalle, Tübingen _ **Shopping** Galerie der Stadt Backnang **[K]** _ **Es ist gesund** Galerie Tedden, Düsseldorf

2004

Salon des Independanten Kunstverein Ludwigsburg **[EA]** _ **Geteilte Ansichten** Galerie der Stadt Sindelfingen (Maichingen) _ **Denken viel – im Raum zwischen Büchern und Bildern** Wilhelmspalais, Stuttgart **[K]** _ **Die kleine Extraportion** Kleine Galerie Bad Waldsee **[EA]**

2003

2 + 2 = 5 Reihe 22 im Künstlertreff, Stuttgart **[EA]** _ **Dilettantismus II** Kunstzentrum Karlskaserne, Ludwigsburg _ **Junge Kunst** Bankhaus Ellwanger & Geiger, Stuttgart

2002

Pictureshow Kleine Galerie Bad Waldsee _ **Singled Out** Galerieverein Leonberg **[EA][K]** _ **Megalomania daheim** Atelier Unsichtbar, Stuttgart **[EA]**

2001

Triennale für zeitgenössische Kunst Oberschwaben Braith-Mali-Museum, Biberach **[K]** _ **Fabian** Galerie in der Zehntscheuer, S-Zuffenhausen **[EA][K]** _ **1. Preis des Kurzfilmfestivals der Hochschule der Medien** S-Vaihingen (mit Sven Gossel)

Arbeiten von Wolfgang Neumann befinden sich
in zahlreichen öffentlichen und privaten Sammlungen.

Einzelausstellung _ Soloexhibition **[EA]**
Katalog _ Catalogue **[K]**

Impressum _ Imprint

Dieser Katalog erscheint anlässlich der Ausstellung _This catalogue is published on the occasion of the exhibition »mittelbemindert« von Wolfgang Neumann, Städtische Galerie Ostfildern | Herausgeber _ Editors Städtische Galerie Ostfildern, Colmar Schulte-Goltz | Kuratorin _Curator Holle Nann | Vielen Dank für die großzügige Unterstützung _Thank you for sponsoring Landesbank Baden-Württemberg, Stadt Ostfildern | Fotografien _ Photography Mark-Steffen Bremer (S. 18/21), Lup von Hochberg, Thomas Wieland (S. 22/23) | Texte _Texts Mark-Steffen Bremer, Colmar Schulte-Goltz | Übersetzung _Translation Lucia Dogbeh | Gestaltung _ Design schusterhermann.de, Stuttgart | Gesamtherstellung _ Printed by Graspo | Published by Kerber Verlag, Bielefeld - Leipzig, Windelsbleicher Straße 166 - 170, 33659 Bielefeld, Germany, Telefon + 49 (0) 521 / 9 50 08 10, Telefax + 49 (0) 521 / 9 50 08 88, E-Mail: info@kerberverlag.com, www.kerberverlag.com | US Distribution D.A.P., Distributed Art Publishers Inc., 155 Sixth Avenue 2nd Floor, New York, N.Y. 10013.1507, Phone 001 212 6 27 19 99, Fax 001 212 6 27 94 84

Eine Collector's Edition mit einer signierten und nummerierten Originalzeichnung des Künstlers ist in einer Auflage von 15 Exemplaren und 5 Künstlerexemplaren erschienen und unter der ISBN 978-3-86678-147-4 beim Kerber Verlag erhältlich _ A Collector's Edition including a signed and numbered original drawing of the artist was published. This edition limited to 15 copies and 5 artist proofs is available under ISBN 978-3-86678-147-4 at Kerber Verlag.

 | ISBN 978-3-86678-143-6 | Printed in the EU

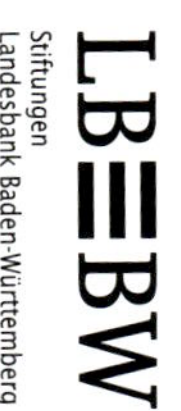

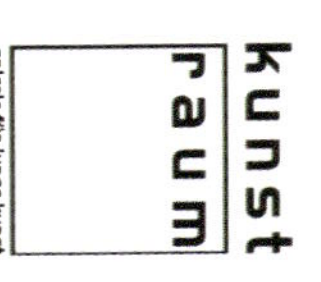

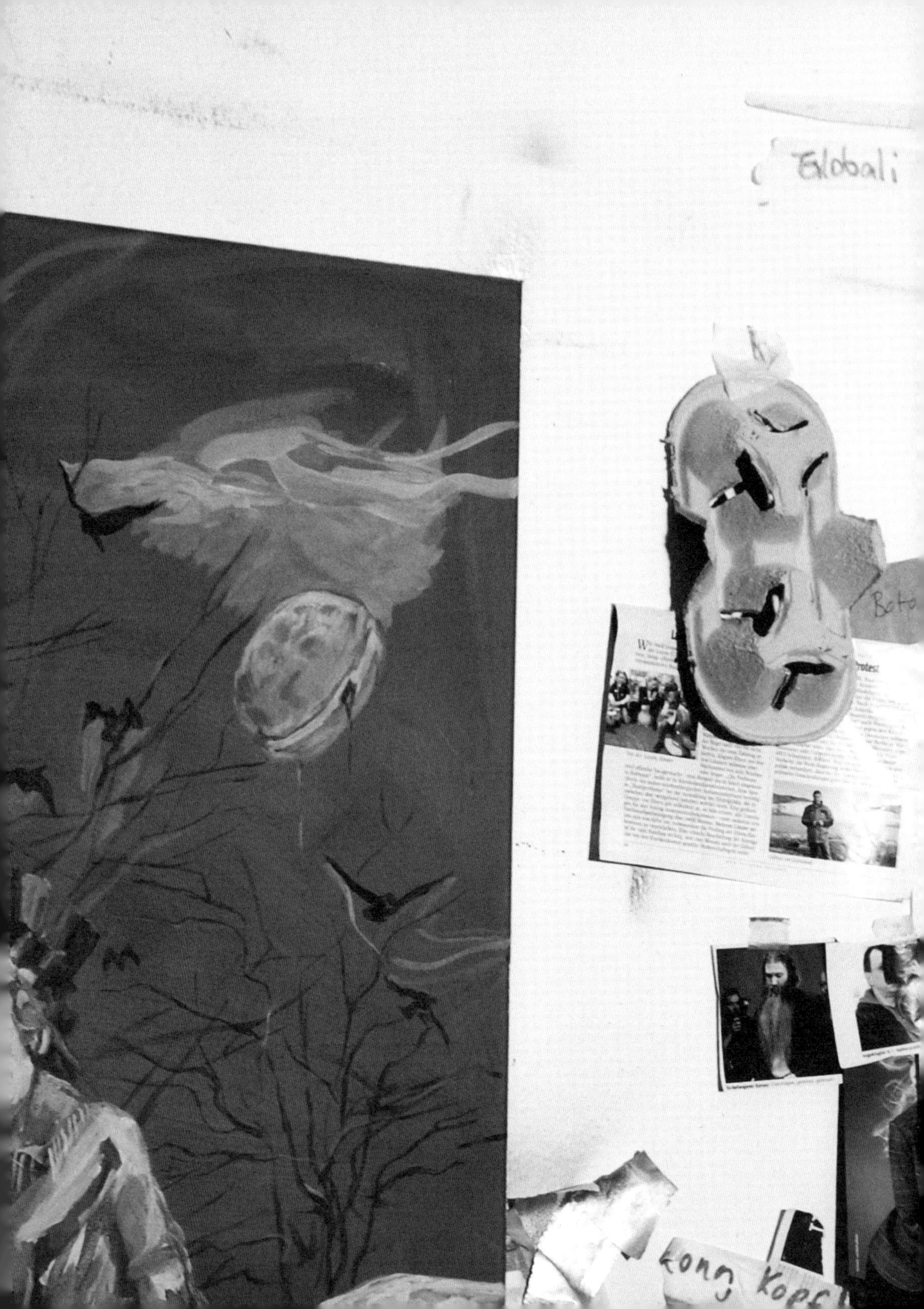

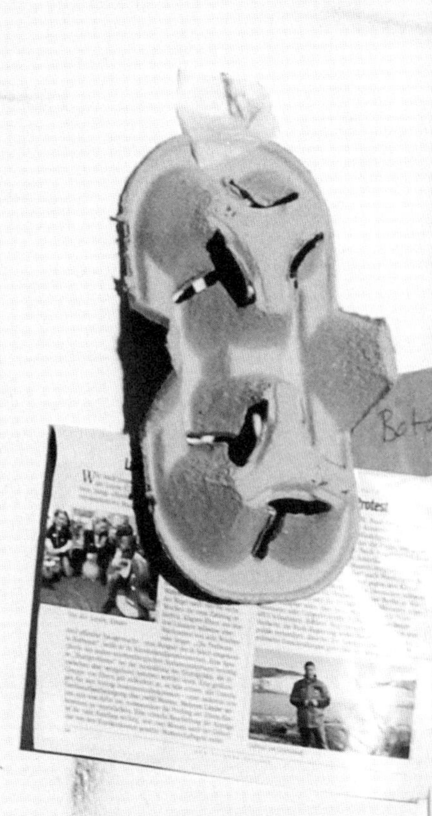

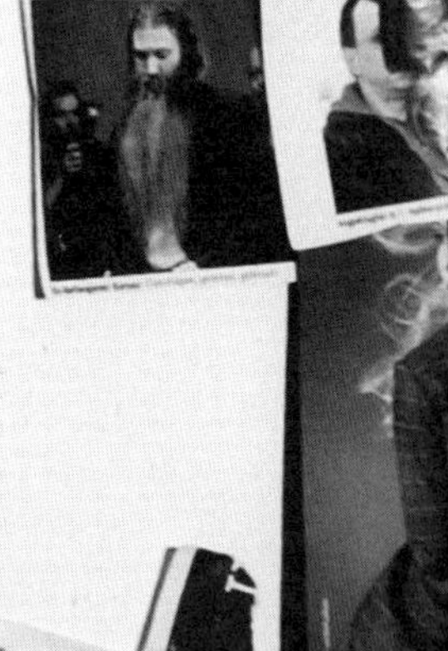